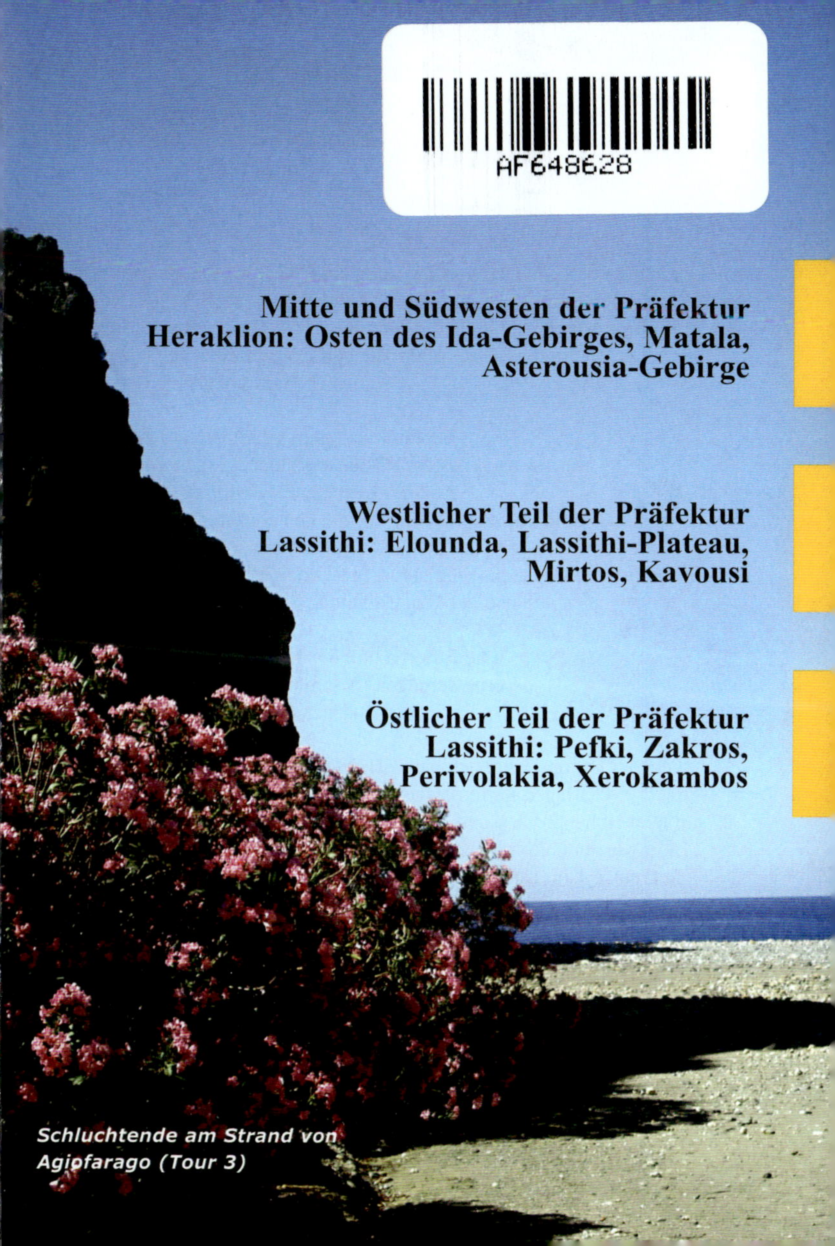

Mitte und Südwesten der Präfektur Heraklion: Osten des Ida-Gebirges, Matala, Asterousia-Gebirge

Westlicher Teil der Präfektur Lassithi: Elounda, Lassithi-Plateau, Mirtos, Kavousi

Östlicher Teil der Präfektur Lassithi: Pefki, Zakros, Perivolakia, Xerokambos

Schluchtende am Strand von Agiofarago (Tour 3)

Kreta Ost

Alle Informationen, schriftlich und zeichnerisch, wurden nach bestem Wissen zusammengestellt und überprüft. Sie waren korrekt zum Zeitpunkt der Recherche. Eine Garantie für den Inhalt, z. B. die immerwährende Richtigkeit von Preisen, Adressen, Telefon- und Faxnummern sowie Internetadressen, Zeit- und sonstigen Angaben, kann naturgemäß von Verlag und Autoren – auch im Sinne der Produkthaftung – nicht übernommen werden.

Die Autoren und der Verlag sind für Lesertipps und Verbesserungen (besonders per E-Mail) unter Angabe der Auflagen- und Seitennummer dankbar.

Dieses OutdoorHandbuch hat 160 Seiten mit 70 farbigen Abbildungen, 31 farbigen Kartenskizzen im Maßstab 1:25.000/1:50.000 sowie 27 farbigen Höhenprofilen und einer farbigen, ausklappbaren Übersichtskarte. Es wurde auf chlorfrei gebleichtem, FSC®-zertifiziertem Papier gedruckt, in Deutschland klimaneutral hergestellt und transportiert und wegen der größeren Strapazierfähigkeit mit PUR-Kleber gebunden.

FSC
www.fsc.org
MIX
Papier aus verantwortungsvollen Quellen
FSC® C009051

Klimaneutral
Druckprodukt
ClimatePartner.com/10951-2107-1012

Dieses Buch ist im Buchhandel und in Outdoor-Läden erhältlich und kann im Internet oder direkt beim Verlag bestellt werden.

OutdoorHandbuch aus der Reihe „Regional", Band 449

ISBN 978-3-86686-637-9 1. Auflage 2021

Text: Berend Wolffenbuttel
Text und Übersetzung: Wolfgang Barelds
Fotos: Berend Wolffenbuttel, wenn nicht anders angegeben
Karten: Dieter Großelohmann
Lektorat & Layout: Anna-Lena Ebner

Gesamtherstellung: gutenberg beuys feindruckerei

Dieses OutdoorHandbuch wurde konzipiert und redaktionell erstellt vom:

Conrad Stein Verlag GmbH, Kiefernstr. 6, 59514 Welver,
☏ 023 84/96 39 12,
info@conrad-stein-verlag.de,
www.conrad-stein-verlag.de

Besuchen Sie uns bei Facebook & Instagram:

www.facebook.com/outdoorverlag

www.instagram.com/outdoorverlag

Titelfoto: Blick auf den Berg Kastro und Mirabello-Bucht (Tour 17), © Angela Sturmayr

Inhalt

☺ Eine **Übersichtskarte** des Weges, **Autorenprofil** sowie eine Liste aller verwendeten **Symbole** in diesem Buch finden Sie auf den vorderen und hinteren Umschlagseiten bzw. -klappen

Wandern im Osten von Kreta

Kreta präsentiert sich als vielseitiges Wandergebiet mit unterschiedlichsten Landschaften – hohen Bergen, tiefen Schluchten, schönen Bergplateaus und Küstengebieten sowie abgelegenen Buchten mit blauem Wasser und schönen Stränden. Im Osten kommen dazu beinahe flächendeckend viele interessante archäologische minoische Stätten, die ein eindrucksvolles Bild dieser hochstehenden vorzeitlichen Kultur vermitteln.

Diese schöne, aber raue Landschaft war nicht nur Hintergrund der minoischen Kultur – auch römische, venezianische und osmanische Menschen haben auf der Insel sichtbare Spuren hinterlassen: Alte byzantinische Kapellen, Mosaikböden, alte Steinpfade (= *kalderimi*) sowie zahlreiche Ruinen minoischer Siedlungen und Gipfelheiligtümer zeugen unterwegs davon. Viele Bewohnerinnen und Bewohner Kretas zeichnen sich durch Neugier, Hilfsbereitschaft und Höflichkeit aus. Die meisten sehen sich zuerst als kretisch, dann als griechisch, so als ob Kreta ein kleiner Inselstaat wäre.

Am intensivsten lässt sich dieser schöne Teil Kretas zu Fuß erkunden! Ost-Kreta bietet fantastische Wandermöglichkeiten in unterschiedlichen Landschaften und einigen einsamen Gegenden. Das Wandern vermittelt regional vielseitige Erfahrungen, die zu einem einzigartigen Verständnis der Insel und den hier lebenden Menschen beitragen.

Die 30 Touren dieses Buches entführen Sie in verschiedene Regionen Ost-Kretas. Darunter sind beliebte „Klassiker" unter den Wandertouren, aber auch erst kürzlich neu entdeckte Pfade. Südlich von Heraklion finden Sie das einsame Asterousia-Gebirge, aber auch die bekannte Gegend von Matala mit schönen Touren entlang der Südküste. In der Präfektur von Lassithi laden unterschiedliche Landschaften und zahlreiche archäologische Sehenswürdigkeiten zu Entdeckertouren ein. Auf dem Lassithi-Plateau erwartet Sie eine ganz andere Welt mit einem Dreiklang aus Bergen, alten Pfaden und landwirtschaftlich geprägter Landschaft. Einige Schluchten wie Richtis überraschen mit einem beinahe tropischen Ambiente mit viel Wasser, während andere Schluchten im fernen Osten der Insel mit ihren rauen Felsen eher einen abweisenden Charakter aufweisen. In der einsamen Berglandschaft von Tripti erschließen viele Pfade vorzeitliche minoische Siedlungen. Beim Wandern in diesem ganz östlichen Teil der Insel kommt man sich wie am Ende der Welt vor.

Die drei Regionen dieses Wanderführers:

- ▷ Mitte und Südwesten der Präfektur Heraklion: Osten des Ida-Gebirges, Matala, Asterousia-Gebirge (Touren 1-9)
- ▷ westlicher Teil der Präfektur Lassithi: Elounda, Lassithi-Plateau, Mirtos, Kavousi (Tourens 10-24)
- ▷ östlicher Teil der Präfektur Lassithi: Pefki, Zakros, Perivolakia, Xerokambos (Tour 25-30)

Die meisten Wanderungen Ost-Kretas bieten eine Synthese aus spektakulären Landschaften und antiken Funden wie minoischen Siedlungen, Klöstern oder alten byzantinischen Kapellen. Die Touren dieses Wanderführers helfen beim Entdecken mancher Schätze, die der Mehrzahl der Touristinnen und Touristen verborgen bleiben. Gleichzeitig erhalten Sie einen authentischen Eindruck der Insel und ihrer Bewohnerinnen und Bewohner.

Danksagung

Vielen Dank für die Unterstützung bei der Recherche an:

- ▷ Angela Sturmayr, eine gute Freundin und Kollegin, für das Zeigen schöner Wege in der Gegend von Mirtos (Touren 22-24), wo sie auch geführte Touren anbietet: 💻 www.walkingdimension.com,
- ▷ das Hotel Mirtos mit seiner guten Küche für die logistische Unterstützung bei der Recherche als „Basecamp“ vieler Touren.

Reise-Infos

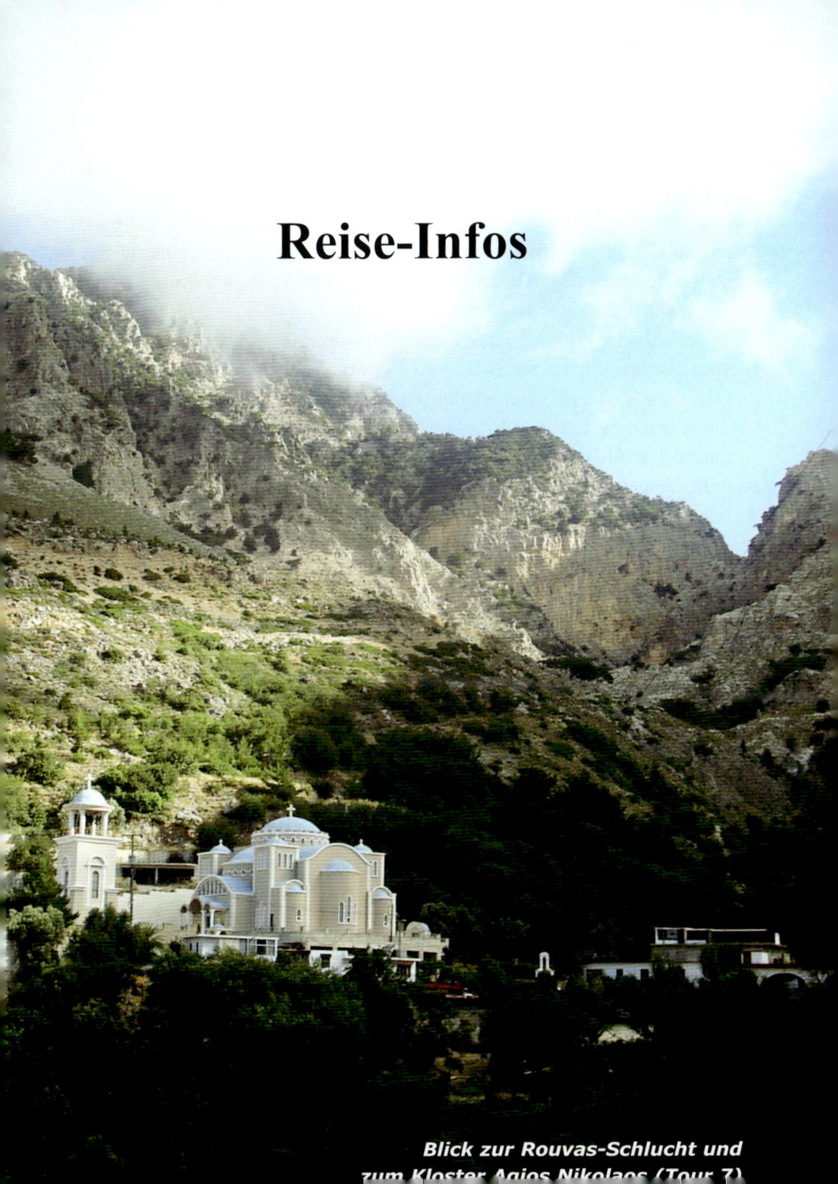

Blick zur Rouvas-Schlucht und zum Kloster Agios Nikolaos (Tour 7)

Anreise

Die übliche Anreise zum Osten von Kreta erfolgt per Flug nach Heraklion (Flugzeit etwa 3 Std. bis 3 Std. 30 Min.). Vor allem in der Touristensaison (Anfang April bis Ende Oktober) gibt es viele Charterflüge bzw. Verbindungen von Billigairlines. Außerhalb der Saison gelangen Sie am einfachsten mit täglichen Linienflügen mit Umsteigen in Athen oder Thessaloniki nach Kreta, etwa mit 💻 www.aegeanair.com von z. B. Düsseldorf aus.

Angesichts der großen Auswahl an oft günstigen Flügen sind Portale mit integrierten Suchmaschinen hilfreich, etwa 💻 www.expedia.de oder 💻 www.ebookers.de. Beachten Sie, dass mittlerweile bei fast allen Flügen aufzugebendes Gepäck extra berechnet wird!

Eine Alternative zum Flug ist die Kombination aus Land- und Seeweg, vor allem bei längeren Aufenthalten. Diese ist nicht nur länger, sondern in der Regel auch teurer als der Flug, dafür im Falle der Bahnanreise klimafreundlicher. Für den Landweg gibt es zwei Optionen (Bahn und Auto): über Italien oder durch die Balkanländer. Bei der ersten Option geht es meistens nach Ancona und von dort mit der Fähre nach Patras und weiter von Piräus nach Kreta. Die Balkanroute wird zunehmend populär, seit die Straßen dort ausgebaut wurden. Aber der Preis für den mindestens drei Tage dauernden kombinierten Land-/Seeweg ist hoch: Es fallen Kosten für Treibstoff, Mautgebühren, Fähren und Hotels an.

Unterkünfte

Auf Kreta gibt es eine große Auswahl an Unterkünften, von einfachen Familienpensionen, Apartments oder Hotels aller Kategorien bis zu privaten Villen. Außerdem gibt es nett renovierte traditionelle Häuser, oft kombiniert mit Ökoangeboten.

⛺ Campingplätze sind eher selten auf Kreta, weil die meisten Urlauberinnen und Urlauber mit dem Flugzeug anreisen. Schöne Campingplätze im Osten der Insel finden Sie in Matala, Heraklion, Sisi und Koutsounari.

Die Aufteilung dieser Wanderungen in fünf Unterregionen erleichtert die Wahl der Standorte: Für die Wanderungen 1 bis 9 sind Matala, Pitsidia, Zaros und Heraklion erste Wahl. Matala bietet ein aktives Nachtleben, genauso wie die Inselhauptstadt Heraklion mit ihren vielen Sehenswürdigkeiten. Für die auf dem Lassithi-Plateau startenden Touren 10 bis 12 können Sie sich dort einquartieren. Das

Plateau ist aber auch aus dem Großraum Heraklion oder von Agios Nikolaos aus schnell per Auto erreichbar. Die Touren 13 bis 19 sind von Elounda, Agios Nikolaos, der Gegend um Kavousi, aber auch von Ierapetra mit seinen zahlreichen Unterkünften gut erreichbar. Für die Touren 20 bis 26 im Süden sind Mirtos und Ierapetra erste Wahl. Mirtos ist ein schön gelegener Ort mit großem Strand und viel Engagement für Wandertourismus: 💻 www.walkingdimension.com, 💻 www.mirtoshikingvillage.com. Die Touren 27 bis 30 im äußersten Osten der Insel sind zwar von der Region Ierapetra mit dem Auto erreichbar, aber die Wahl einer Unterkunft vor Ort (etwa Kato Zakros, Zakros oder Palekastro) ermöglicht ein intensiveres Kennenlernen dieser einmaligen Gegend mit einem ganz anderen Charakter als anderswo auf Kreta!

Kafenion – Bistro und Begegnungsort

Das Wort „Kafenion“, ursprünglich „καφενές“, leitet sich vom türkischen *kahvehane* oder *kahvene* (= Kaffeehaus) ab. Ein Kafenion ist in fast jedem griechischen Dorf nicht nur eine einfache Einkehrgelegenheit, sondern *das* soziale Zentrum, früher fast nur für Männer, zunehmend aber auch für Frauen. Ein Kafenion ist gewöhnlich einfach möbliert, mit kleinen Tischen und seitwärts der Tische ausgerichteten Holzstühlen. Es ist kaum dekoriert, mit dem unvermeidlichen Fernseher ausgestattet und normalerweise ohne Musik! Sie können sich dort einen griechischen Kaffee oder einen Frappé (mit Eis gekühlter Pulverkaffee) bestellen, außerdem Bier, alkoholfreie Getränke, Fasswein aus der Region, Ouzo und Raki (auf Kreta: Tsikoudia). Fast jedes kretische Kafenion bietet einen kleinen „Meze“ zum Getränk an: einen kleinen Teller mit etwas Gemüse, Wurst, Sardinen, Käse, Paximadi (Zwieback), Erdnüssen oder Chips.

Früher gab es meist mindestens zwei Kafenia in jedem Dorf. Sie waren in der Farbe angestrichen, die die vom Eigentümer des Kafenion unterstützte politische Partei anzeigte: in Blau für die konservative „Nea Demokratia“, in Grün für die sozialdemokratische „Pasok“.

Auch wenn sich die Anzahl der Kafenia allmählich vermindert, sind sie bis heute in den griechischen Dörfern sehr populär, ein wichtiger und einzigartiger Versammlungsort!

Verkehrsmittel auf Kreta

Mit einem Auto ist fast alles erreichbar, aber beachten Sie die großen Entfernungen bzw. langen Fahrzeiten! Viele Touren sind mit öffentlichem Bus erreichbar, aber es gibt einige Gebiete und Orte auf Ost-Kreta ohne jeden Anschluss an das öffentliche Busnetz.

Mit dem Mietwagen sind die beschriebenen Touren am einfachsten zu erreichen. Es gibt zahlreiche Mietwagenfirmen. Die größten sind mit Büros an den Flughäfen vertreten, daneben gibt es viele kleinere Vermieter vor Ort. In der Regel werden gute neuere und zuverlässige Autos angeboten. Der Mietwagenpreis ist abhängig von der Saison, außerdem gilt: je länger der Zeitraum, desto günstiger. In der Regel sind die Preise bei voriger Buchung im Internet günstiger. Rechnen Sie für ein kleines Auto mit einem Tagestarif ab etwa € 30.

Mit dem Bus sind die meisten Wanderungen erreichbar. Das Lassithi-Plateau sowie einige abgelegene Dörfer werden allerdings nicht von öffentlichen Bussen bedient. Fahrten mit den zuverlässigen Bussen auf Kreta sind günstig und unterhaltsam. Entspannt und mit besserer Sicht als aus dem Kleinwagen werden Sie über Autobahnen und Pisten durch Dörfer kutschiert. In Heraklion, Agios Nikolaos, Ierapetra und Sitia erwarten Sie große, gut organisierte Busbahnhöfe. Fahrkarten kauft man am Kartenschalter (bzw. der Agentur) vor dem Einsteigen. Unterwegs können Sie Bussen zum Anhalten zuwinken, meistens (aber nicht immer) stoppen sie dann. Signalisieren Sie auf jeden Fall deutlich mit der Hand, dass Sie mitfahren möchten – auch bei Bushaltestellen! In kleinen Dörfern halten die Busse in der Regel in der Dorfmitte (am Dorfplatz, Kirche, Taverne etc.).

Bei der Tourenplanung sollten Sie immer den aktuellen Fahrplan bzw. die Website konsultieren, denn die Fahrzeiten ändern sich je nach Saison häufig: www.ktelherlas.gr (u. a. auf Englisch).

Eine – teure – Alternative ist das Taxi. Im Trend sind feste Tarife; manche Firmen hängen an ihrem Taxistand eine Liste mit ausgewählten Zielen und den entsprechenden Preisen aus.

Klima & Reisezeit

Zum Wandern ideal ist die Nebensaison, wenn es nicht zu heiß und überfüllt ist, aber andererseits noch die Sonne scheint und der touristische Winterschlaf noch nicht begonnen hat – das wären die Monate April, Mai, September und

Oktober. Das Frühjahr reizt mit blühender Vegetation, viel Grün, duftenden Kräutern und schneebedeckten Bergen. Im Herbst ist dafür die Wassertemperatur des Mittelmeers angenehmer und die Besucherzahlen gehen deutlich zurück. Dafür ist allerdings im April sowie ab Mitte Oktober die Regenwahrscheinlichkeit höher.

In höheren Zonen der Berge kann im Frühjahr noch Schnee liegen. In den heißen Sommermonaten sind das Bergplateau bei Lassithi sowie schattige Schluchten wie die von Richtis oder Rouvas gute Ziele. Ein typisches Wetterphänomen im Mittelmeer ist der „Scirocco" – ein heißer Süd(ost)wind mit viel Sand bzw. Staub aus Afrika. Angenehmer ist der „Meltemi", der in den Sommermonaten oft kühle Luft vom Meer aus nördlicher Richtung bringt. Generell gilt: Wenn der Wind an der Nordküste (zu) kräftig weht, ist es im Süden der Insel eher windstill. Der meiste Regen fällt in den Wintermonaten. Wenn es dann mal nicht regnet, ist es nicht zu heiß mit trockener Luft und folglich toller Sicht – ideales Wanderwetter.

♦ griechische Wetter-Websites: 💻 www.poseidon.hcmr.gr, www.meteo.gr

✋ Berücksichtigen Sie immer die Wetterbedingungen: keine Bergtouren bei Gewitter und keine anstrengenden Touren im heißen Sommer!

Landkarten

Für Kreta gibt es nicht viele detaillierte Wanderkarten, aber die wenigen sind ordentlich.

Die Karten des Verlages Anavasi decken Touren im Asterousia-Gebirge, auf dem Lassithi-Plateau und im äußersten Osten bei Zakros und Kato Zakros ab. Diese Karten sind auf Kreta im örtlichen Buchhandel oder im Internet auf 💻 www.mapfox.de oder direkt bei Anavasi, 💻 www.anavasi.gr, erhältlich.

▷ Topo 25, Crete 11.18: Asterousia – Phaistos (1:25.000), ☞ Touren 1, 2, 3, 4, 5

▷ Topo 25, Crete 11.14: Psiloritis (Mt Ida) (1:30.000), ☞ Touren 7, 8

▷ Topo 25, Crete 11.15: Mt Dikti – Mt Selena (1:35.000), ☞ Touren 10, 11, 12, 16, 21, 24

▷ Topo 25, Crete 11.16: Zakros – Vai – Sitia (1:25.000), ☞ Touren 27, 28, 29, 30

Folgende Karten im Maßstab 1:50.000 aus dem Verlag Nakas Road Cartography decken zusammen alle Touren ab:

▷ Trekking Map 403: Psiloritis – Heraklion, ☞ Touren 7, 8, 9
▷ Trekking Map 404: Psiloritis – Matala, Psiloritis – Agii Deka, ☞ Touren 1, 2, 3, 4, 5, 7, 8, 9
▷ Trekking Map 405: Iraklio – Limenas Chersonissou – Ag. Nikolaos – Ierapetra – Lasithi Plateau, ☞ Touren 6, 10, 11, 12, 13, 14, 15, 16, 20, 21, 22, 23, 24
▷ Trekking Map 406: Sitia – Zakros – Vai – Mt. Thriptis – Mt. Orno, ☞ Touren 17, 18, 19, 25, 26, 27, 28, 29, 30

✋ In den Karten können die Schreibweisen von denen im Buch abweichen; teilweise sind sie dort in Griechisch oder Englisch.

☺ Die Kartenempfehlungen wurden von der Geobuchhandlung Kiel überprüft. 💻 www.geobuchhandlung.de

☺ Einige der in diesem Führer beschriebenen Wanderwege laufen durch mehr oder weniger flaches Gelände ohne nennenswerte Höhenunterschiede. In diesen Fällen wurde auf die Darstellung eines Höhenprofils verzichtet.

Wanderinfrastruktur

Der Osten Kretas ist ein Wanderparadies mit vielen Möglichkeiten für Touren unterschiedlicher Schwierigkeitsgrade. Trotz der vielen Wandermöglichkeiten gibt es auf Kreta keine zentrale Stelle oder Organisation, die für Unterhalt und Markierung der Pfade zuständig ist. Diese Arbeit wird stellenweise von Alpinistenvereinen geleistet sowie von lokalen Vereinigungen von Ehrenamtlichen, Hoteleignerinnen und Hoteleignern und Wandervereinen, die ihre jeweiligen Wege pflegen, markieren und vermarkten. Entsprechend groß ist die Vielfalt der Wegweiser bzw. (Farb-)Markierungen. Angaben zu den Markierungen der beschriebenen Touren finden Sie jeweils vorne in der Übersicht der Wanderung.

Fernwanderweg E4

Stellenweise wandern Sie auf dem bekannten Fernwanderweg E4, dessen kretischer Abschnitt rund 500 km quer durch den Südteil der Insel führt. Der E4 verbindet Portugal mit Zypern und gilt mit einer Länge von 10.450 km als längster europäischer Fernwanderweg. Als Wegweiser dienen auf Kreta gelbe Markierungen bzw. Pfähle mit schwarz umrundeter gelber Raute und darin schwarz gedruckt „E4".

E4 Kreta Lefka Ori und Lasithi von Bublak, Jonas, Der Weg ist das Ziel, Conrad Stein Verlag, ISBN 978-3-86686-0-889, € 12,90

Die Wege sind großteils nicht allzu herausfordernd und verlaufen auf rauem und nicht selten steinigem Untergrund. Bei einigen Touren kommt man stellenweise nicht viel schneller als mit 2 km/h voran. Berücksichtigen Sie das bei der Planung Ihrer Gehzeit! In den Schluchten und Bergen ist Trittsicherheit erforderlich und bei einigen Wanderungen Schwindelfreiheit. Entsprechende Hinweise sind den Touren in der Übersicht vorangestellt.

Wichtig sind die entsprechende Vorbereitung und Ausrüstung: geeignetes festes Schuhwerk, genug Trinkwasser sowie Sonnenschutz für Haupt (Mütze) und Haut (Creme mit UV-Filter). Im Hochgebirge ist warme, winddichte Kleidung ein Muss, bei abgelegenen Regionen ein geladenes Handy/Smartphone. Informieren Sie in letzterem Fall jemanden über Ihre Tour (Ab- und Anmeldung).

Gefahr durch Tiere

Schlangen kommen in vier Arten auf Kreta (aber eher selten) vor, die alle für Menschen ungiftig sind. Dasselbe gilt für die auf Kreta vorkommenden Skorpione, die zwar schmerzhaft stechen, Sie aber nicht vergiften können. Schlangen, Spinnen und Skorpione verstecken sich oft unter Steinen. Schauen Sie also erst, bevor Sie zum Sitzen Steine zur Seite schieben.

Wenn Sie allergisch gegen bestimmte Pollen oder Insekten (etwa Bienen) sind, sollten Sie entsprechende Medikamente immer zur Hand haben. Bienen sind im Sommer recht häufig, besonders bei Wassertümpeln und Thymianbüschen (daher der bekannte Honig!).

Telefon

Die internationale Vorwahl für Griechenland ist 0030. Die Festnetzverbindungen beginnen mit einer 2 gefolgt von 9 Ziffern, Mobilnummern mit einer 69 gefolgt von 8 Ziffern.

Wichtige Notrufnummern:

Notruf: ☏ 112
Feuerwehr (auch zuständig für Waldbrände und Bergrettung): ☏ 199
Polizei: ☏ 100

Wandern mit Kindern

Viele Wanderungen auf Kreta sind gut mit Kindern machbar. Kinder können sich in der Wildnis austoben, die Landschaft mit den Schluchten und Spuren alter Gemäuer entdecken oder sich bei kleinen Kletterpartien versuchen – Abenteuer zuhauf. Viele Touren bieten Gelegenheiten für Erfrischungen am Strand beim Baden bzw. mit Verpflegung in Bars. Die Wahl der richtigen Tour mit Kindern ist nicht leicht, denn jedes Kind hat – genauso wie Erwachsene – andere Vorlieben bzw. Interessen. Besonders achten sollten Eltern auf die (auch in der Nebensaison) starke Sonneneinstrahlung sowie die oft steinigen und steilen Wege. Im Idealfall sollten Sie bei Touren mit Kindern immer eine „Exitstrategie" im Kopf haben, d. h., Touren mit Abkürzungsmöglichkeiten wählen. Für Schatten und Badegelegenheiten sind Kinder meistens auch dankbar …

Wandern mit Buggy

Mit Ausnahme von Tour 11 sind alle in diesem Buch beschriebenen Touren für Buggys ungeeignet, da sie zumindest stellenweise über steinige oder/und schmale Wege bzw. Pfade verlaufen, um – mit Ausnahme von Tour 11 – Straßen weitgehend zu meiden.

Wandern mit Hund

Die meisten kommen mit dem Flugzeug nach Kreta und wegen der aufwendigen Hundemitnahme im Flugzeug eher ohne eigenen Vierbeiner.

Es gibt hundefreundlichere Länder in Europa als Griechenland. Warum?

▷ Der relativ harte bis scharfe Untergrund auf Kalkstein ist oft unangenehm für Hunde(pfoten); hier hilft ein Pfotenschutz (erhältlich u. a. in Outdoorläden).

▷ Das in der Nähe von Dörfern (oft nahe Müllbehältern) stellenweise ausgelegte Rattengift ist gefährlich für Hunde.

▷ Vor allem bei nicht angeleinten Hunden muss Rücksicht auf die vielerorts umherlaufenden Schafe und Ziegen genommen werden.

▷ Trinken: Fließgewässer sind selten (in der Sommersaison) und stehende Gewässer sollten nicht nur von Zwei-, sondern auch von Vierbeinern wegen der Infektionsgefahr, v. a. von Giardien, die sich in viehreichen Gebieten gut vermehren, gemieden werden. ☺ Wasser holt man sich am besten bei den 💧 genannten Quellen oder in Tavernen.

▷ Busse und Taxis transportieren in der Regel keine Vierbeiner.

☺ Vor einer Reise nach Griechenland empfiehlt sich eine Beratung durch den Tierarzt über mögliche weitere Krankheitserreger im Mittelmeerraum bzw. empfehlenswerte Impfungen.

Kreta und seine Hunde

Kreta ist zwar einerseits touristisch, ist aber andererseits von Viehhaltung mit vielen frei laufenden Schafen und Ziegen geprägt. Hirten sehen Hunde eher als Arbeits- und weniger als Kuscheltiere. Angeleint sollen sie dann etwa Hühner gegen Marder oder das Haus gegen Einbrecher verteidigen. Bei Schotterstraßen begegnen Sie oft angeleinten Hunden, die das Flüchten von Schafen verhindern sollen. Mit diesen Vierbeinern ist eher nicht gut Kirschen essen! Besser dran sind die gut gepflegten Jagdhunde, die manchmal – bei der Jagd – frei laufen dürfen.

☺ Falls Sie sich gegen frei laufende aggressive Hunde verteidigen müssen, nehmen Sie am besten einen Stein und imitieren Sie einen Wurf. Diese Bewegung bzw. Drohgebärde reicht in der Regel, um ungebetene Vierbeiner zu vertreiben.

Websites

Im Internet gibt es gute Websites mit vielen Infos über Geschichte, Flora und Fauna sowie Sehenswürdigkeiten von Kreta:

💻 www.cretanbeaches.com, www.explorecrete.com (beide u. a. auf Deutsch)

GPS

Die GPS-Tracks zu den beschriebenen Wegen können Sie auf der Internetseite des Verlags (💻 www.conrad-stein-verlag.de) herunterladen.

📖 Tipps zum Umgang mit dem GPS-Gerät finden Sie in dem Ratgeber „GPS – Grundlagen · Tourenplanung · Navigation“ von Michael Hennemann, Conrad Stein Verlag, ISBN 978-3-86686-495-5, € 9,90.

Updates

Der Conrad Stein Verlag veröffentlicht Updates zu diesem Buch, die direkt von den Autoren oder von den Leserinnen und Lesern dieses Buches stammen. Sie finden diese auf der Verlagshomepage 💻 www.conrad-stein-verlag.de. Der links abgebildete QR-Code führt direkt dorthin.

Mitte und Südwesten der Präfektur Heraklion: Osten der Ida-Gebirges, Matala, Asterousia-Gebirge

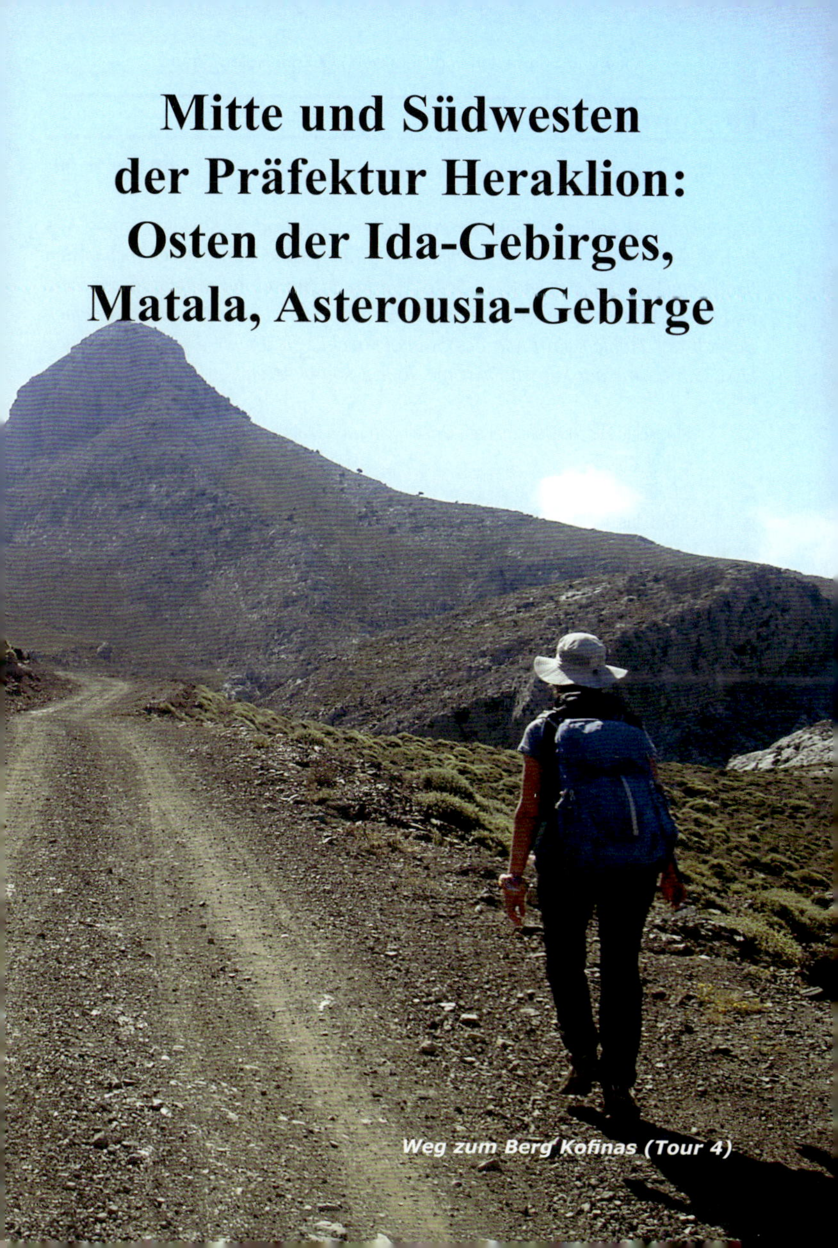

Weg zum Berg Kofinas (Tour 4)

❶ Zum Roten Strand

Tour für Landschafts- und Badebegeisterte

Diese kurze Wanderung führt Sie zum Roten Strand oder „Kokkini Amnos". Es bieten sich schöne Blicke auf Matala, den Strand sowie römische Gräber in den Sandsteinfelsen auf der anderen Seite. Am Roten Strand mit seinem feinen Sand und klaren Wasser bietet eine kleine Bar Erfrischungen. In Matala sollten Sie einen Besuch der Höhlen am Ende des Strandes nicht versäumen. Diese Wanderung lässt sich nach einer kurzen Fahrt mit Tour 2 kombinieren.

- Start/Ziel: Hippie-Denkmal am Ortseingang von Matala, GPS N 34°59.599' E 024°45.065'
- 2,6 km
- 1 Std. bis 1 Std. 30 Min.
- 170 m/170 m
- 3-91 m
- blaue Pfeile, weiße und stellenweise rote Punkte
- Meistens schmaler steiniger Pfad, daher sei trotz der Kürze gutes festes Schuhwerk empfohlen!
- Matala bietet eine große Auswahl an Restaurants und Cafés, die meisten sind nur in der Sommersaison geöffnet (April bis Ende Oktober), aber manche auch ganzjährig. Beim Roten Strand gibt es die Best Mojito Beach Bar (km 1,5).
- Die beste Rastgelegenheit ist der Strand (km 1,3).
- In Matala gibt es mehrere Minimärkte, Bäckereien und Kioske.
- Badegelegenheiten am Hauptstrand von Matala und am Roten Strand (ab km 1,3)
- Bei dieser kindgerechten Tour belohnt der Rote Strand mit Badegelegenheit und Erfrischungen die Kleinen für die Strapazen. Aber in den Sommermonaten ist es sehr heiß und es gibt keinen Schatten!
- Auch Hunde haben im Sommer hier gewöhnlich Probleme mit der Hitze und in der Hauptsaison sind eine Menge Leute am Roten Strand.
- Gebührenpflichtiger Parkplatz am Hauptstrand von Matala (€ 2 pro Tag). Außerhalb von Matala gibt es entlang der Hauptstraße kostenlose Parkplätze.
- reguläre Busverbindungen von Heraklion nach Matala (und zurück) in der Hauptsaison (April-Oktober): ab Heraklion 7:30, 9:30, 11:30, 14:00 und 15:30, ab Matala 7:00, 9:30, 11:15, 13:15, 15:00 und 17:30 (einfache Fahrt € 6)

Matala – erst Besetzung von Gortyniern, dann Hippies

Matala ist bekannt für seine römischen und christlichen Gräber, die in den weichen weißen Kalksteinfelsen nordwestlich der Bucht gegraben wurden. Das großzügige Volumen deutet darauf hin, dass diese Höhlen früher auch als Behausung dienten. Matala war in minoischer Zeit mutmaßlich der Hafen von Phaistos. 220 v. Chr. wurde Matala von Gortyniern besetzt und in römischer Zeit von ihnen als Hafen genutzt. Die Osmanen betraten im 9. Jh. erstmals in Matala kretischen Boden, bevor sie die ganze Insel eroberten. In den 1960ern entdeckten Hippies die Höhlen, als Matala noch ein kleines Fischerdorf war. Später, in den 1970ern, wurden sie von der Kirche und dem Militärregime vertrieben. Heute ist Matala ein geschäftiger Touristenort mit vielen Hotels und Bars, Höhepunkt ist seit 2011 alljährlich das dreitägige Matala Beach Festival Ende Juni.

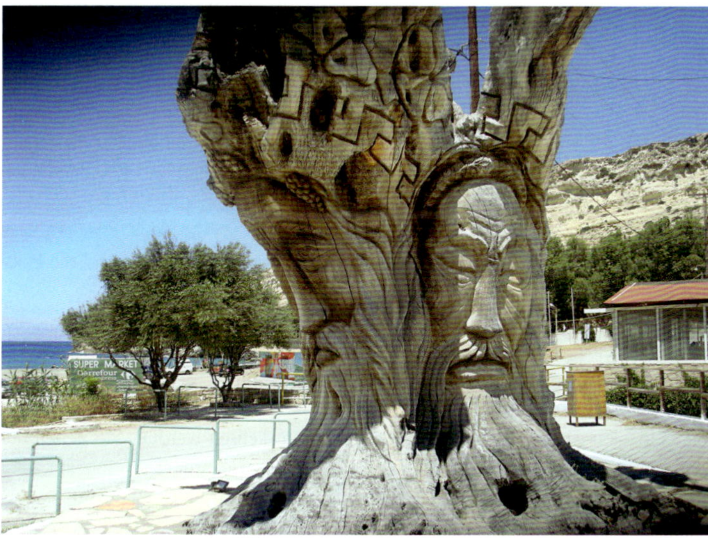

Hippie-Denkmal in Matala

Vom Hippie-Denkmal (dem Baum mit Gesichtern) am Ortseingang gehen Sie in den Ort, ignorieren die erste Abzweigung nach links (von dort werden Sie zurückkommen) und passieren die kleine Kirche zur Linken und weiter im Zentrum den netten Dorfplatz. Sie gehen auf der rechten Seite weiter und nehmen

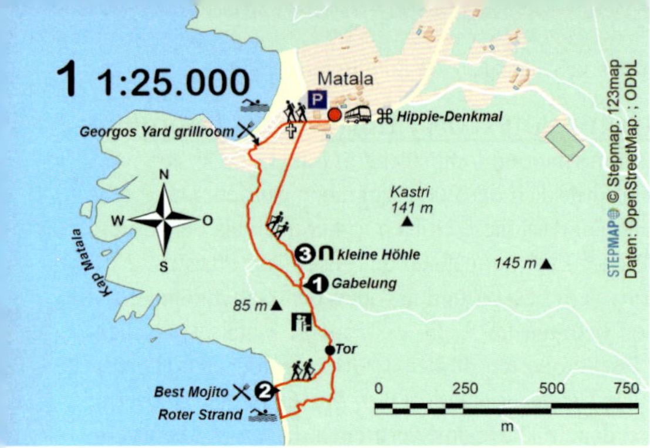

hinter Georgos Yard grillroom links die steil aufwärtsführende, schmale Betonstraße (Schild: „Red Beach"). Nach einigen Metern beginnt links der mit blauen Pfeilen markierte Pfad. Weiter geradeaus eröffnen sich tolle Blicke auf Matala und die Höhlen. Bei

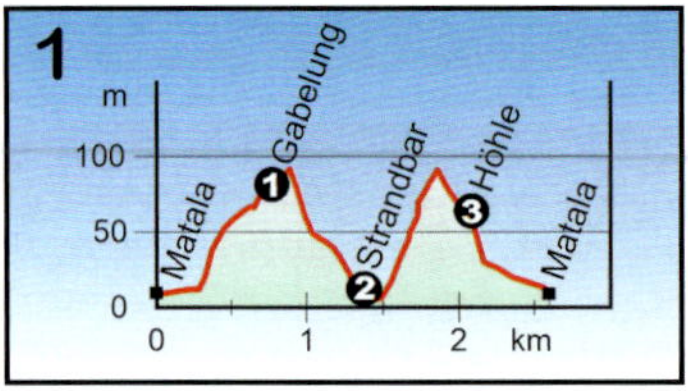

einer Gabelung von Pfaden ❶ (km 0,8) halten Sie sich rechts bzw. gehen in bisheriger Gehrichtung geradeaus. Auf dem anderen Pfad werden Sie später zurückgehen. Nach 80 m erreichen Sie den höchsten Punkt dieser Tour und passieren kurz darauf ein Tor. Sie folgen dem mit blauen Pfeilen und weißen Punkten markierten Pfad und erreichen nach 170 m eine Gabelung (km 1,1).

Nach unten bieten sich schöne Blicke auf den Roten Strand und die Paximadia-Inseln.

Ab dieser Gabelung verlassen Sie die nach unten führenden blauen und weißen Markierungen, indem Sie dem Pfad geradeaus folgen, der mit einigen älteren roten Punkten markiert ist. Dieser Pfad führt Sie zum Roten Strand, während Sie auf dem blau-weiß markierten Pfad später zurückkehren werden. Sie gehen auf dem rot markierten Pfad abwärts vorbei an einer Hausruine. Unten am Strand halten Sie sich rechts und wandern entlang des Strandes zu dessen Hauptabschnitt mit der Strandbar Best Mojito ❷ (km 1,5).

Best Mojito Beach Bar am Roten Strand, 69 37 01 20 42, April bis Ende Oktober 10:00-19:00

Nach einer Erfrischung in der Bar oder/und im Wasser nehmen Sie den zwischen Gebäuden aufwärtsführenden Pfad. Sie wandern wieder zum Tor und kurz

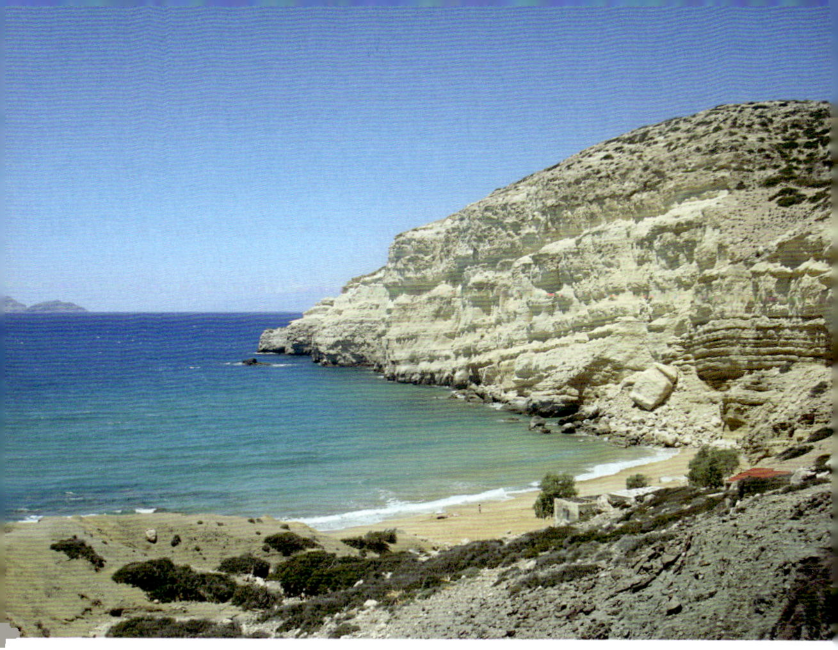

Roter Strand mit Sandsteinfelsen und der Insel Paximadia

darauf entweder ↬ auf dem Weg, den Sie gekommen sind (etwas leichter), oder bei der Gabelung geradeaus den blauen Pfeilen folgend. Bei Letzterem passieren Sie kurz darauf eine kleine Höhle ❸ (km 2,1), ehe der Pfad steil abwärts zu einer Schotterstraße führt, der Sie zwischen Zäunen zu Apartment-/Hotelanlagen folgen. Bei einer T-Kreuzung im Dorf biegen Sie nach rechts ab und erreichen wieder das Hippie-Denkmal am Startpunkt der Tour.

2 Die Sandsteinfelsen über Matala

Tour für Landschaftsfans

Diese kurze Rundwanderung bietet atemberaubende Panoramablicke über das Libysche Meer und landeinwärts bis zum Ida-Gebirge. Sie erleben schön geformte Sandsteinhänge, eine kleine Bucht und viele Fossilien im Fels. Obwohl diese Wanderung außerhalb von Matala beginnt, lässt sie sich nach einer kurzen Fahrt gut mit der ebenfalls kurzen Tour 1 und natürlich einem Besuch des Dorfes, der Höhlen und des Strandes kombinieren. Die Wanderung selbst führt nicht zum Ort, sondern zu dem schönen Aussichtspunkt auf Matala.

- Start/Ziel: Eingang und kleiner Parkplatz der Fischtaverne Mystical View, GPS N 35°00.410' E 024°45.531'
- 4,3 km
- 1 Std. 45 Min.
- ↑ ↓ 210 m/210 m
- 1-106 m
- überwiegend Steinmännchen sowie einige undeutliche rote Punkte
- meistens schmaler, steiniger Pfad, manchmal etwas undeutlich und stellenweise kein Pfad
- Taverne am Beginn/Ziel der Tour. Im 2,5 km entfernten Matala gibt es eine große Auswahl an Restaurants und Cafés, die meisten sind nur in der Sommersaison geöffnet (April bis Ende Oktober), aber manche auch ganzjährig.
- am Aussichtspunkt (km 2,4) Sitzgelegenheit auf Stein zum Genießen des Panoramas
- In Matala gibt es mehrere Minimärkte, Bäckereien und Kioske.
- keine Badegelegenheiten am Weg, aber in der Nähe in Matala
- Ein Höhepunkt für Kinder sind die vielen Fossilien unterwegs. Manko: Die starke Hitze vor allem im Sommer – ohne jeden Schatten!
- Möglich mit Hunden, aber oft sehr heiß. Außerdem gibt es kein Wasser unterwegs.
- P freies Parken entlang der kleinen Straße gegenüber der Taverne Mystical View
- reguläre Busverbindungen von Heraklion nach Matala (und zurück) in der Hauptsaison (April-Oktober) und von dort mit dem Taxi (s. u.): ab Heraklion 7:30, 9:30, 11:30, 14:00 und 15:30, ab Matala 7:00, 9:30, 11:15, 13:15, 15:00 und 17:30 (einfache Fahrt € 6)
- Taxi Giorgos in Matala, 69 73/27 70 40, www.matala-taxi.com, info@matala-taxi.com (einfache Fahrt von/nach Matala € 5)

Schon beim Start dieser Wanderung bei der Taverne Mystical View bieten sich tolle Blicke über das Meer zu den Paximadia-Inseln und im Norden zum Ida-Gebirge.

Fischtaverne Mystical View, 69 72 29 40 84, in der Sommersaison Ende April bis Oktober 12:00-0:00

Sie wandern in südliche Richtung zu einem Zaun und einem umzäunten Feld mit einer kleinen Hütte am anderen Ende. Rechts von dem Feld führt Sie ein schmaler Pfad, der an der rechten Seite etwas ausgesetzt ist, aber schöne Blicke über das Sandsteinkliff über dem Meer bietet, an dem Feld vorbei. Der Pfad wird zunehmend deutlicher (achten Sie auf Steinmännchen!) und bald ein breiterer Weg (km 0,5). Nach 100 m zweigt der Weg nach links; Sie aber folgen geradeaus dem mit Steinmännchen spärlich markierten Pfad, den Sie stellenweise suchen müssen. Nach 500 m biegen Sie bei einer T-Kreuzung mit einem breiten Weg rechts ab, nach 30 m links auf einen Pfad und folgen den roten Punkten hinunter zur Sandsteinbucht ❶ (km 1,3). Kurz nach der Sandsteinbucht queren Sie etwas links die Schlucht (Steinmännchen) und wandern aufwärts. Weiter geht es mit einem Abstand von etwa 10-20 m

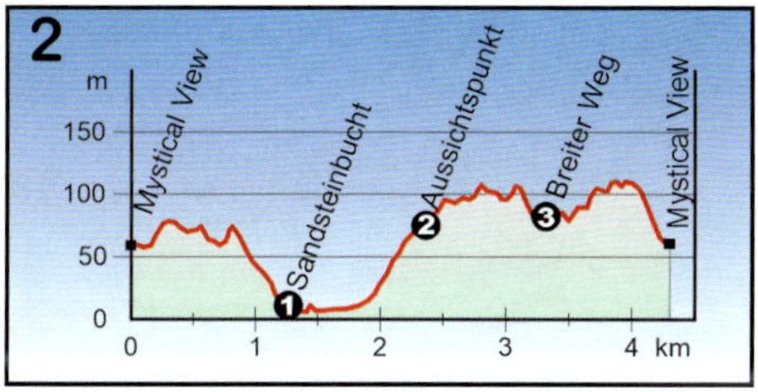

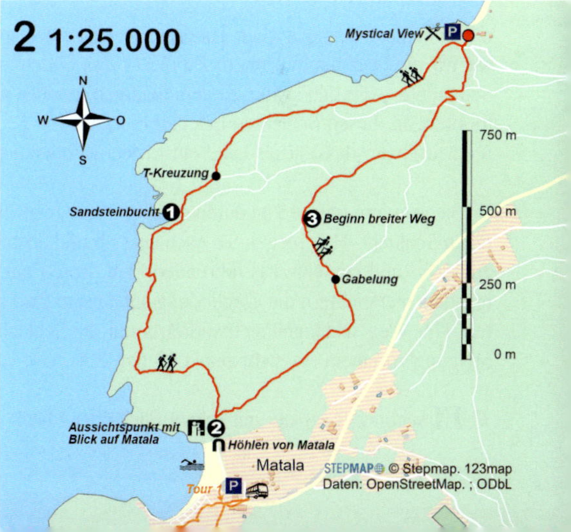

parallel zur Küstenlinie – auch wenn es keinen richtigen Pfad gibt. Hier lassen sich gut Fossilien im Fels finden.

Sandsteinkliffs und Fossilien

Diese Landschaft mit ihren Sandsteinkliffs wurde im Pliozän geformt – vor 5 bis 2 Millionen Jahren, als Kreta noch mit den anderen Ägäischen Inseln eine Landmasse bildete, bedingt durch das Trockenfallen des Mittelmeers, das zu dieser Zeit bei der Straße von Gibraltar vom Atlantik abgeriegelt war. Vor rund 2 Millionen Jahren wurde das Mittelmeer vom Atlantik her überflutet, wobei alle niedrigeren Regionen Kretas – darunter auch die bei Matala – überschwemmt wurden und zahlreiche Inseln entstanden. Seitdem war Kreta nie wieder mit dem Rest der ägäischen Landregion verbunden und stattdessen so isoliert, wie wir die Insel heute kennen. Zu dieser Zeit bildete sich eine dicke Schicht aus Sedimenten, die sich später zu dem heutigen weichen und sandfarbenen Fels verformten. In diesen Schichten belegen Fossilien von Seeigeln, Austern und anderen Muscheln, dass dieses Land einst Meeresboden war.

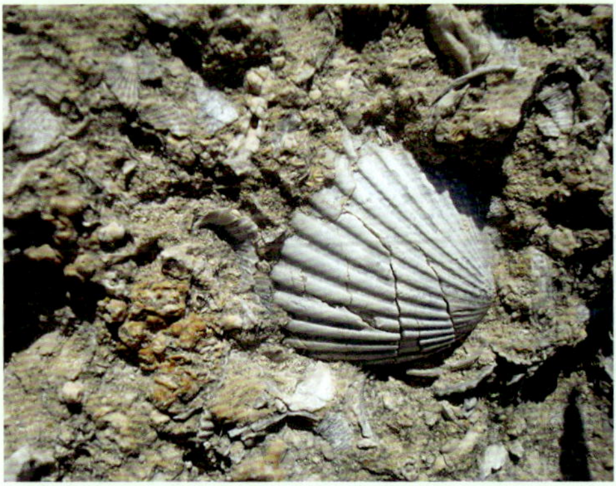

Fossilien in den Felsen

Sie wandern etwa 15 Minuten entlang dieser relativ flachen Felsen bis zu einer tiefen Schlucht. Hier biegen Sie nach links ab und erkennen kurz darauf den leicht aufwärts- und landeinwärts führenden Pfad. Rote Punkte und Pfeile sowie Steinmännchen erleichtern die Wegfindung auf diesem Pfad mit der Schlucht zur Rechten. Der Weg schlängelt sich südwärts um die Schlucht und führt nach weiterer Steigung zu einem Aussichtspunkt ❷ (km 2,4).

schöner Rastplatz mit tollem Blick über Matala und hinunter zum Strand

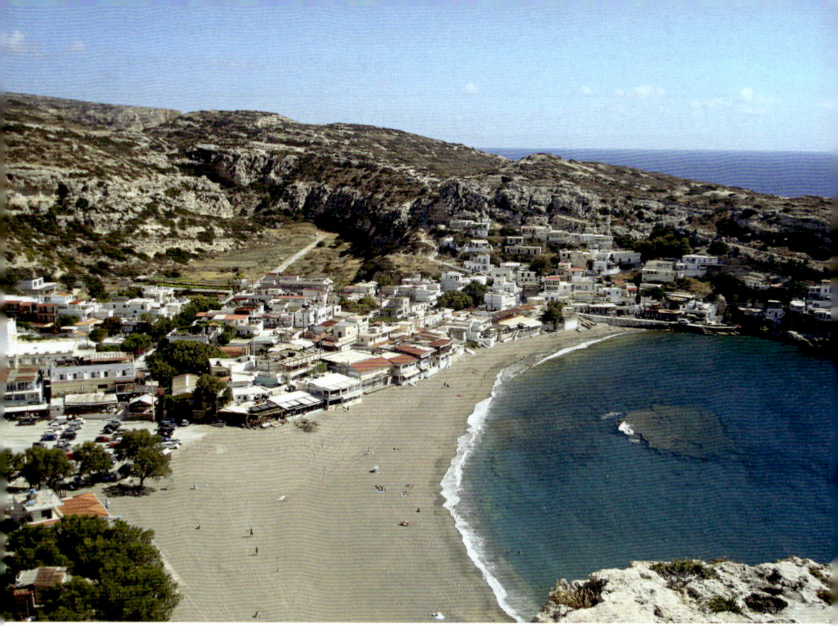

Blick über Matala

Sie stehen hier genau über den Höhlen von Matala, unten ist das kleine Kassenhäuschen erkennbar. Sie folgen dem Pfad nach links und entlang der Kliffkante zu einem großen Steinhaufen und kurz darauf zu einem weiteren (km 2,8).

Scheinbar führt hier ein Pfad abwärts nach Matala, aber widerstehen Sie der Versuchung, denn dieser Pfad endet an Zäunen und nur schwer zu passierenden Sträuchern.

Sie folgen dem Weg nach links und erreichen kurz darauf eine Gabelung, wo Sie sich links halten (Steinmännchen). Der schmale Pfad führt Sie nach 350 m zu einem breiteren Weg ❸ (km 3,3). Hier zweigen Sie nach rechts ab und erreichen nach 200 m eine T-Kreuzung mit einem anderen Weg, dem Sie nach rechts folgen. Nach 400 m (ca. 5 Minuten) erreichen Sie ein Gelände mit Ziegen. Unten erkennen Sie die Taverne am Startpunkt, zu dem der Weg in zwei Serpentinen hinabführt, vorbei an einem kleinen Haus zur Rechten. Nach 100 m halten Sie sich links und queren das Feld, um wieder den Startpunkt mit der Taverne zu erreichen.

❸ Die Schlucht von Agiofarago

Tour für Landschafts- und Badebegeisterte

Diese kurze und leichte Tour führt Sie durch die Heilige Schlucht Agiofarago, eines der Besitztümer des Klosters von Odigitrias. Durch eine der kürzesten Schluchten Kretas wandernd erreichen Sie schnell das Ziel: einen schönen Kieselstrand, umgeben von hohen Kliffwänden. Früher lebten hier Einsiedler in Höhlen dieser Schlucht. Heute sind die Steilhänge beliebt bei Kletterfreaks.

⇆ Start/Ziel: kleiner Parkplatz am Schotterweg, 3,5 km vom Odigitrias-Kloster Richtung Kali Limnes, GPS N 34°56.915' E 024°47.738'

8,1 km

2 Std. 15 Min.

↑↓ 160 m/160 m

⇧ 1-110 m

keine Markierungen

Der erste Teil verläuft über eine Schotterstraße bis zu einem Parkplatz mit einem Bistro. Von dort wandern Sie durch ein Flussbett zum Strand.

Bistro (km 2,4 und 5,7). Im rund 9 km entfernten Dorf Sivas Restaurants und Cafés

Am Parkplatz bzw. dem Bistro (km 2,4 und 5,7) gibt es Sitzbänke, außerdem bei der Kapelle Agios Antonios (km 3,6 und 4,6).

Minimarkt im Dorf Sivas

toller Strand am Ende der Schlucht (km 4,1)

Die Wanderung selbst ist ideal für Kinder mit einem Bad im Meer als Belohnung. Allerdings kann es im Sommer wegen wenig Schatten sehr heiß werden!

Möglich mit Hunden, aber oft sehr heiß. Wasser kann man auf der Tour beim Bistro auftanken. Im Sommer kann es am Strand sehr voll werden – vielleicht interessant für Vier-, aber lästig für Zweibeiner.

P freies Parken entlang der Schotterstraße bei den Schildern Richtung Agiofarago. Zum Odigitrias-Kloster fahren Sie nach Sivas (etwa 8 km von Matala). Hier queren Sie den Dorfplatz und erkennen danach Wegweiser zum Kloster Moni Odigitrias. Am Kloster fahren Sie links nach Kali Limnes und Agiofarago.

keine Busverbindung

Taxi Giorgos in Matala, 69 73/27 70 40, www.matala-taxi.com, info@matala-taxi.com, abhängig vom Zustand der Straße fährt das Taxi gewöhnlich nur bis zum Odigitrias-Kloster (einfache Fahrt von/nach Matala € 15).

↳ Sie können Ihr Auto auch am Kloster parken und von dort starten, aber das ist eine lange Strecke auf dem Schotterweg (3,5 km und 150 Hm für die einfache Strecke). Eine andere Alternative ist es, entlang dieser Straße zum Parkplatz und Bistro ❶ zu fahren – aber das ist nur möglich, wenn die Straße bis zum Bistro in nicht zu schlechtem Zustand ist und Sie ein geländegängiges Fahrzeug (mit hochgelegenen Achsen) haben. ☺ Wir empfehlen, die Strecken zu gehen!

☺ Vor (oder nach) der Tour lohnt sich ein Besuch im schön renovierten Odigitrias-Kloster aus dem 14. Jh., GPS N 34°58.419' E 024°47.931'.

✝ Odigitrias-Kloster

Das (Mönchs-)Kloster von Odigitrias liegt in einem geschützten Gebiet des Asterousia-Gebirges in etwa 250 m Höhe. Dieses für Kreta wichtige Kloster ist bekannt für seine großen Ländereien mit mehreren Kapellen und einem großen Landbesitz im Asterousia-Gebirge.

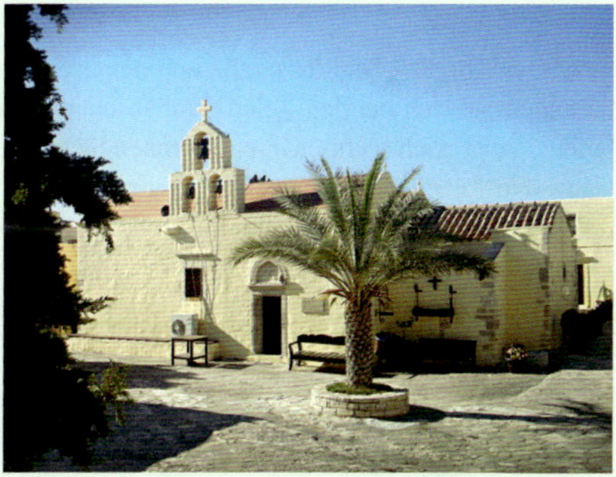

Odigitrias-Kloster

Angeblich soll der Apostel Paulus bei seiner Reise nach Rom hier einen Stopp eingelegt haben. An diesem heiligen Ort gründeten Einsiedler im 14. Jh. das Kloster von Odigitrias. Der Bau glich stellenweise einer Festung – ein Teil der Schutzmauer ist heute noch erkennbar. Nahe dem Haupteingang steht der legendäre Turm von Xopateras. Der damalige (19. Jh.) Mönch Xopateras wurde aus dem Kloster verbannt, nachdem er einen Osmanen getötet hatte – *Xopapas* heißt wörtlich „Ex-Priester". Danach schloss sich Xopateras dem kretischen Widerstand gegen die türkischen Besatzer an, mit dem Kloster als Basis. 1828 belagerte eine große türkische Einheit das Kloster. Xopateras wehrte sich drei Tage, ehe er nach heldenhaftem Kampf bei dem Turm besiegt wurde, der heute seinen Namen trägt.

Aber auch die „profanen" Gebäude im Kloster sind sehenswert wie das Backhaus, die Oliven- und Weinpresse, Lagerhäuser, der Käsekeller, das Gästehaus (die alte Abtszelle), die Abtszelle mit der Bücherei, die Mönchszellen sowie die Gräber der Klosteräbte. Zum Kloster gehören einige der ältesten Kapellen von Asterousia mit beachtlichen Fresken. Auch die Kapelle Agios Antonios in der Agiofarago-Schlucht gehört zum Kloster.

♦ www.imodigitrias.gr, immer geöffnet, freier Eintritt

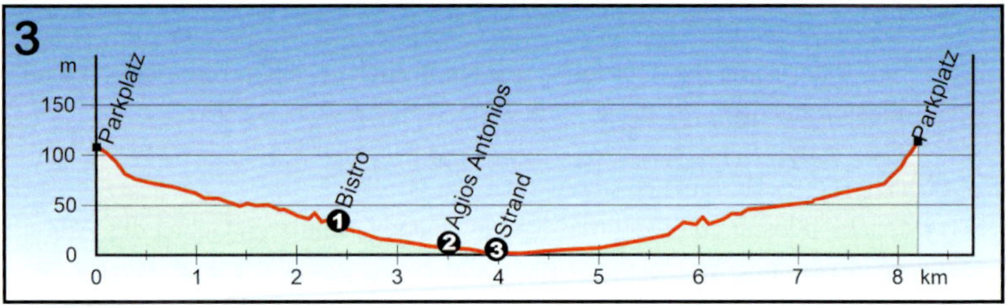

Von der breiten Schotterstraße und dem kleinen Parkplatz entlang dieser Straße halten Sie sich bei den vielen Straßenschildern rechts. Der Wegweiser „Agiofarago" zeigt nach rechts. Unten erkennen Sie einige Stallgebäude und ein kleines Haus. Sie folgen der Schotterstraße abwärts und ignorieren nach 300 m eine rechte Abzweigung (die zu den Ställen führt). Die Schotterstraße quert mehrmals das ausgetrocknete Flussbett, nach rechts bieten sich Blicke auf schöne Sandsteinhänge. Nach 1,7 km müssen Sie gegebenenfalls ein Gatter öffnen (und wieder schließen!), ehe Sie der Straße zu einem Parkplatz mit einem kleinen Bistro folgen ❶ (km 2,4).

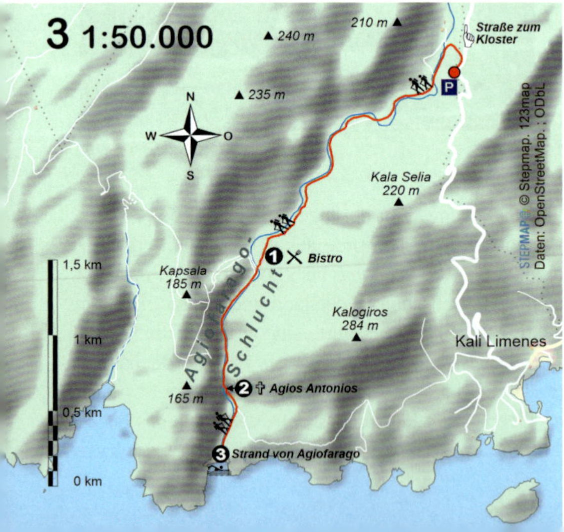

✕ Bistro mit einfachem Angebot, Sommersaison von Mai bis Ende Oktober täglich 10:00-19:00

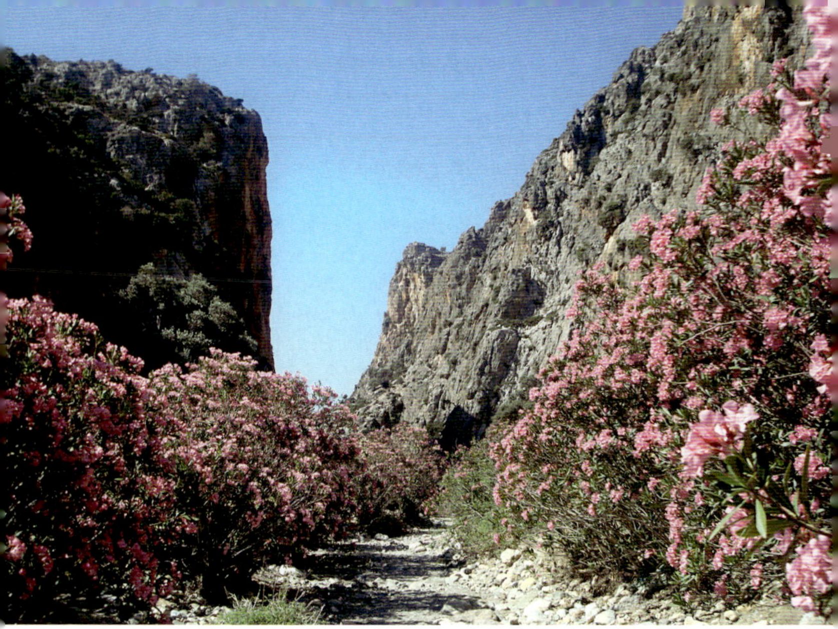

Oleander in der Schlucht

Hier beginnt der Pfad in die Schlucht und entlang des trockenen Flussbettes, das im späten Frühjahr und frühen Sommer von blühendem Oleander verziert wird. Die Felswände sind an beiden Seiten rund 100 m hoch! Sie passieren eine große Höhle und kurz darauf zur Linken die Kapelle Agios Antonios ❷ (km 3,6).

✝ ⛩ Kapelle Agios Antonios aus dem 14. Jh. mit Schatten und Sitzgelegenheit

Der Weg durch das Flussbett führt Sie schließlich zum 🏊 Strand von Agiofarago ❸ (km 4,1).

Nach einer Erfrischung im Meer geht es auf demselben Weg wieder zurück zum Parkplatz.

Klettergebiet Agiofarago

Am Strand Agiofarago und in der Schlucht sind oft Kletterinnen und Kletterer aktiv. Dieses südlichste Kletterrevier Kretas ist bekannt für seine sehr scharfen Kalksteinfelsen. Die meisten Kletterrouten sind in der Schlucht, die ältesten am Strand bzw. in Strandnähe – diese zählen zu den schwierigsten der Insel.

4 Auf den Kofinas

Tour für Gipfelstürmerinnen und Gipfelstürmer

Der Kofinas ist mit 1.231 m der höchste Berg des Asterousia-Gebirges. Vom kleinen Bergdorf Kapetaniana wandern Sie auf einem Schotterweg mit schönen Blicken zur Südküste und zum Berg Kofinas. Von dessen Gipfel erkennen Sie bei klarem Wetter die drei großen Bergketten der Insel: die Weißen Berge, das Ida-Gebirge und die Dikti-Berge. In minoischen Zeiten galt der Gipfel des Kofinas als Heiligtum. Noch heute wird alljährlich am 14. September das „Heilige Kreuz" gefeiert.

- Start/Ziel: kleiner Parkplatz in Ano Kapetaniana, GPS N 34°57.895' E 025°02.501'
- 12,1 km
- 4 Std. 30 Min.
- 550 m/550 m
- 787-1.231 m
- gelbe Punkte beim steilen Anstieg zum Gipfel und weiß-rote Markierungen beim alternativen Rückweg ab der Kapelle Panagia Kera (km 7,3)
- Der erste Teil führt über eine Schotterstraße oberhalb der Kapelle Panagia Kera (leicht). Der steile Anstieg zum Gipfel ist mit einem Holzgeländer gesichert (mittelschwer), ein kleiner Teil ist leicht ausgesetzt. Der Weg von der Kapelle Panagia Kera zurück zu den Stallungen ist ausgewaschen und in einigen Teilen in schlechtem Zustand mit vielen losen Steinen (mittelschwer).
- Restaurant Thalori in Kato Kapetaniana
- Nach der Kapelle Panagia Kera laden Bänke zum Sitzen ein (km 7,3). Besonders gut geeignet für eine Pause ist der Gipfel bei der kleinen Kapelle Timios Stavros (km 6,5) mit Sitzgelegenheit und tollem Panorama.
- Der aufregende Aufstieg zum Gipfel lohnt sich für ältere Kinder. Ansonsten kein Schatten und daher sehr heiß im Sommer!
- für Hunde eher nicht geeignet: kein Schatten und steiler Aufstieg über steinigen Pfad
- P Parkplatz in Ano Kapetaniana (frei). Von der Hauptstraße Heraklion – Mires biegen Sie in das Dorf Agii Deka in Richtung des Dorfes Vagiona ab. In der Dorfmitte biegen Sie nach links Richtung Loukia ab, dem nächsten Dorf, und passieren Schilder nach Kapetaniana und zur Unterkunft Thalori. Direkt vor dem Dorf halten Sie sich bei einer Gabelung links bzw. in Fahrtrichtung geradeaus nach Ano Kapetaniana zum kleinen Parkplatz.

keine Busverbindung

Sie können die Tour abkürzen, indem Sie mit dem Auto der Schotterstraße noch ein Stück (☞ Wegbeschreibung) bis zu den Stallungen ❷ folgen.

Vom kleinen Parkplatz in Ano Kapetaniana folgen Sie der ostwärts führenden Schotterstraße oberhalb der Häuser. Nach 150 m halten Sie sich bei einer Gabelung links und wandern in die Richtung des konisch geformten Berges Kofinas. Nach 700 m gehen Sie bei der nächsten Gabelung nach rechts (kleines Schild auf Griechisch für „Moni Koudouma"). Diese Schotterstraße bietet bald schöne Ausblicke über das 800 m weiter unten liegende Libysche Meer. Nach einer halben Stunde erreichen Sie eine kleine ✝ Kapelle und eine archäologische Stätte ❶ (km 2,9) nahe dem Berg Kofinas, die sich nach Öffnen des Tors erkunden lässt.

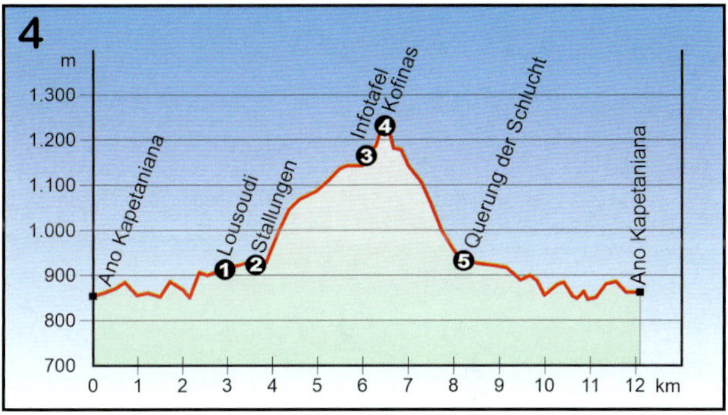

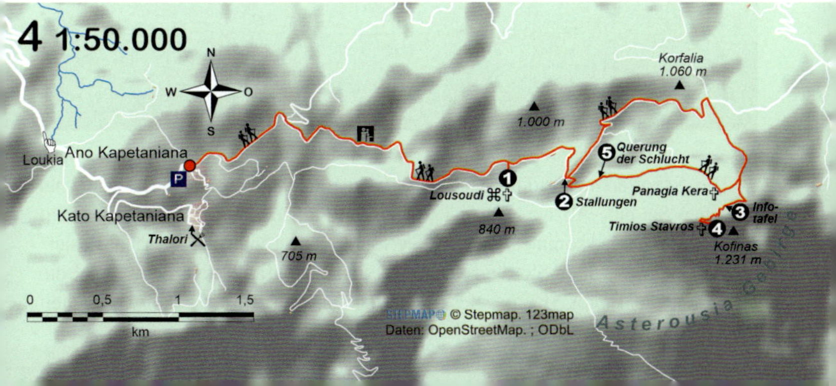

⌘ Lousoudi

Diese archäologische Stätte – Lousoudi – war ein Kloster, gewidmet den Drei Hierarchen. Gegründet wurde das Kloster im 14. Jh. nahe dem Gipfel des Kofinas in einer Höhe von 880 m. Nach Meinung des Archäologen Athanasios Paliouras geht diese erste griechische „Universität" im 14. Jh. auf den Mönch Iosif Filagris zurück, der seine Schüler umfassend unterrichtete, u. a. im Bereich der griechischen Philosophie, Patristik und Mathematik. In der von ihm gegründeten Schreibwerkstatt des Klosters wurden Manuskripte, Pergamente und andere alte Schriften antiker Autoren kopiert und damit in die Gegenwart gerettet, bevorzugt Aristoteles. Filagris' Manuskripte lagern bis heute in renommierten Bibliotheken, z. B. in Wien, London und Paris.

Die archäologische Stätte Lousoudi

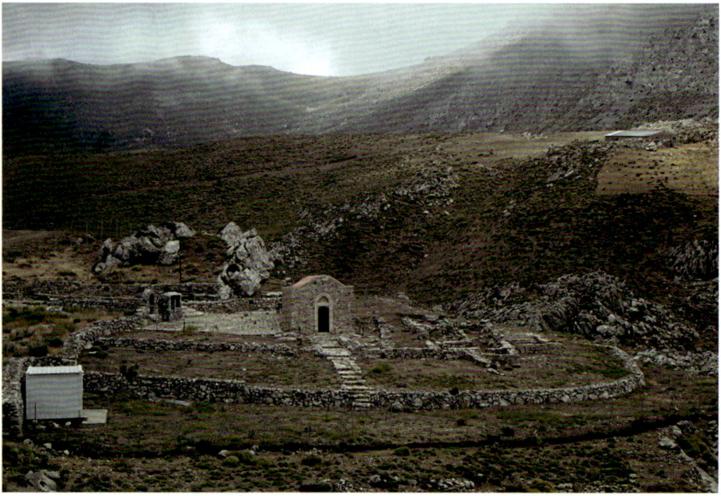

Die Schotterstraße führt nach 700 m zu Stallungen ❷ (km 3,7). Rechts erkennen Sie eine Abzweigung mit weiß-roten Markierungen, wo Sie nach dem Gipfelsturm zurückkommen werden. Sie folgen dem Hauptweg gemächlich aufwärts. Unten erkennen Sie die Kapelle von Panagia Kera und auf dem Gipfel die kleine Kapelle Timios Stavros. Bei einer Kreuzung auf dem Pass (km 5,3) gehen

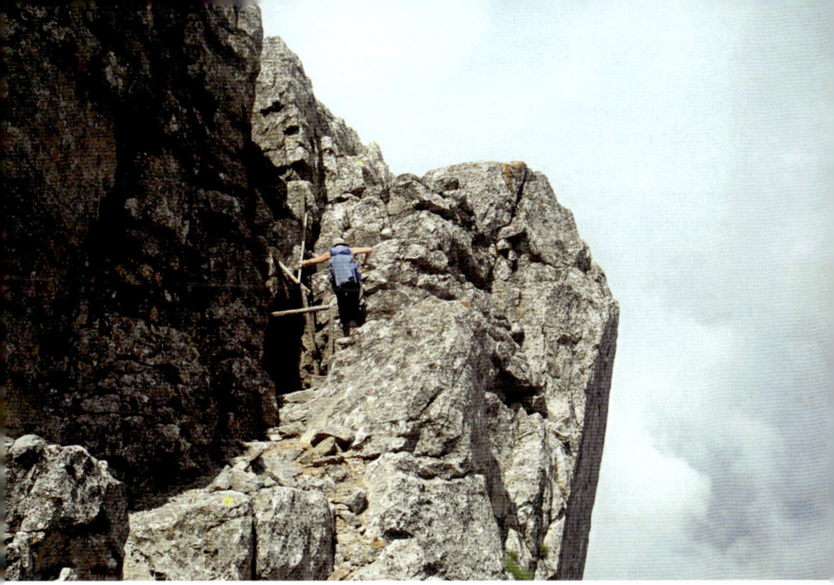

Kurze ausgesetzte Stelle

Sie rechts aufwärts in Richtung der eindrucksvollen Silhouette des Kofinas. Nach 700 m ignorieren Sie die rechte Abzweigung zur Kapelle Panagia Kera (den Weg werden Sie später nehmen) und wandern geradeaus. Nach 300 m informiert eine Tafel über den Kofinas und den Start des Steinpfads zum Gipfel ❸ (km 6,1). Der Steinpfad führt Sie mit seinem Holzgeländer über einen schmalen Abschnitt, der stellenweise leicht ausgesetzt, dort aber etwas breiter ist. Nach 200 m (ca. 10 Minuten) erreichen Sie die kleine ✞ Kapelle Timios Stavros und direkt dahinter das Gipfelkreuz des Kofinas ❹ (km 6,5, ⇧ 1.231 m).

fantastische Blicke vom Gipfel, an klaren Tagen hinüber zu den Weißen Bergen, dem Ida-Gebirge und den Dikti-Bergen sowie zur Südküste und im Norden zur Messara-Ebene

Berg Kofinas

Der Kofinas ist mit seinen 1.231 m der höchste Gipfel des Asterousia-Gebirges und war Heimat eines wichtigen Heiligtums in minoischer und späthellenistischer Zeit, wie zahlreiche Funde belegen, die mit antiken Gottheiten in Verbindung gebracht wurden. Die Kapelle Timios Stavros (= „heiliges Kreuz“) wurde an dieser

Stelle in frühbyzantinischer Zeit erbaut und erlebt alljährlich am 14. September eine große Feier, bei der neben dem Gottesdienst auf antike Art Bäume angebetet werden: Die Früchte von drei heiligen Apfelbäumen werden gesammelt, bei einer Zeremonie gesegnet und anschließend den Besucherinnen und Besuchern als eine Art heiliges Brot angeboten.

Die weiter unten liegende Kirche Panagia Kera (= „Unsere Frau") wurde auf Tempelruinen der klassischen (500-323 v. Chr.) und der hellenistischen Periode (323-30 v. Chr.) erbaut.

Nach einer aussichtsreichen Pause beginnt der – vorsichtige! – Abstieg, vorbei an der ✝ Kapelle Panagia Kera (km 7,3, ⇧ 1.080 m). Am Abzweig zur Kapelle haben Sie die Wahl zwischen zwei Optionen.

↳ Der einfachste Weg ist derselbe wie der Aufstieg, also wieder entlang der Schotterstraße zurück.

Der andere Weg (➲ 800 m kürzer, aber schwieriger zu gehen) führt über einen ausgewaschenen Pfad mit lockeren Steinen zurück zu den Stallungen ❷. Weiß-rote Markierungen rechts unterhalb der Kapelle weisen die Richtung. Der Pfad führt abwärts zu einem ausgetrockneten, schluchtenartigen Flussbett. Der undeutliche Pfad (achten Sie auf die großen weiß-roten Markierungen!) schwenkt nach links, sodass Sie oberhalb der Schlucht wandern. Nach 600 m geht es weiter abwärts zur Schlucht und zu einer großen Tränke für Ziegen (km 7,9). Der Pfad bleibt zunächst etwas oberhalb der Schlucht (rechts), die Sie nach 400 m queren ❺ (km 8,3). Achten Sie weiter auf die weiß-roten Markierungen! Steil aufwärts geht es zu einem kleinen, grauen Gebäude, das zu den vorher passierten Stallungen ❷ gehört. Bei dem kleinen Gebäude folgen Sie der Schotterstraße nach rechts und erreichen nach 100 m den Hauptweg, auf dem Sie gekommen sind. Dieser führt Sie links zurück nach Kapetaniana mit einer Einkehrgelegenheit 500 m südlich des Startpunkts unterhalb der Kirche.

↳ Vom Startpunkt der Tour fahren Sie 1,3 km entlang der Straße von Ano Kapetaniana nach Kato Kapetaniana (beschildert). Alternativ wandern Sie durch das Dorf Ano Kapetaniana abwärts nach Kato Kapetaniana zum Guesthouse Kofinas und passieren dieses. In Kato Kapetaniana gehen Sie abwärts zum anderen Ende des Dorfes mit dem Restaurant.

✕ Thalori-Restaurant, ☎ 69 76 99 48 96, 💻 www.thalori.com, 🚪 ganzjährig täglich 14:00-23:00, nettes Restaurant, in dem auch übernachtet werden kann.

5 Von Lentas zum Trachoulas-Strand

Tour für Landschafts- und Badebegeisterte

Lentas liegt abgeschieden am Libyschen Meer südlich vom Asterousia-Gebirge. Auf einem Küstenweg und einer Straße passieren Sie die Strände von Petrakis und Loutro. Der Höhepunkt erwartet Sie am Schluss in der kurzen und schmalen Trachoulas-Schlucht mit ihren fantastischen Felsformationen. Die Schlucht endet am schönen Trachoulas-Strand, auch als Strand von Psili Ammos bekannt.

- Start/Ziel: zentraler Platz von Lentas, GPS N 34°55.836' E 024°55.400'
- 10,4 km
- 4 Std.
- 400 m/400 m
- 0-90 m
- gelegentlich rote Punkte als Markierung
- Küstenpfad, stellenweise über Kiesstrand, Asphaltstraße und durch eine Schlucht
- In Lentas gibt es viele Tavernen und Cafés, von denen die meisten nur in der Sommersaison geöffnet sind (April-Oktober), einige wenige auch ganzjährig. Weitere Einkehrgelegenheiten an der Route an den Stränden von Petrakis (km 1,5) und Loutro (km 3,6)
- keine Bänke, aber nette Rastgelegenheiten an den Stränden
- zwei Minimärkte in Lentas
- drei Strände entlang der Route sowie einer in Lentas
- schöne Tour für Kinder mit vielen Bade- und Einkehrgelegenheiten
- für Hunde nicht ideal wegen der vielen Strände mit menschlicher Ablenkung, außerdem kaum Schatten
- freies Parken am Ortseingang von Lentas sowie am kleinen Platz und der Bushaltestelle
- keine für eine Tagestour geeignete Busverbindung

Vom kleinen Dorfplatz mit mehreren Tavernen folgen Sie zwischen zwei Cafés ostwärts dem steingepflasterten Pfad, der nach 20 m nach links schwingt, kurz darauf nach rechts und nach 100 m nach links. Sie passieren einen anderen kleinen Platz am Dorfrand mit der archäologischen Stätte von Levin und einem Trinkwasserbrunnen.

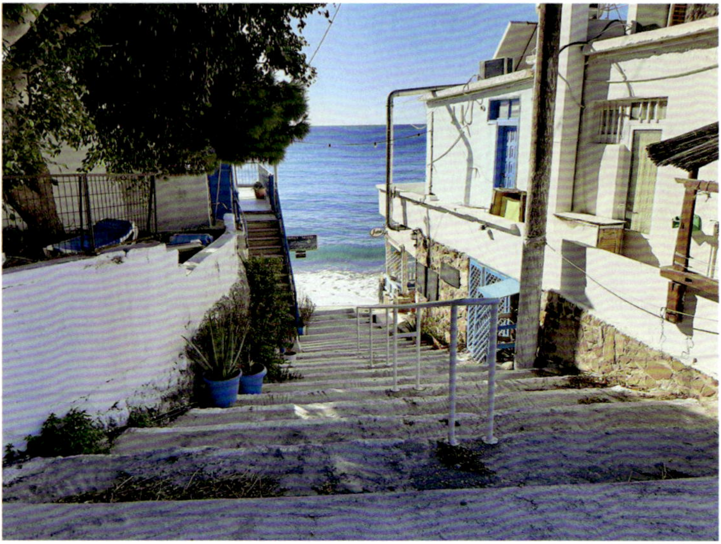

Straße in Lentas

⌘ Levin – antiker Vorläufer von Lentas

Lentas hat eine lange Geschichte: Die frühesten Besiedlungsspuren reichen bis zur jungsteinzeitlichen und frühen minoischen Periode zurück (3. Jahrtausend v. Chr.). Lentas, auf Altgriechisch Λέβην (Levin), ist bekannt als einer der zwei Häfen von Gortys, der bedeutendsten Stadt von Kreta nach der Zerstörung von Knossos. In der späten klassischen Periode (Anfang des 4. Jh. v. Chr.) wurde am Hafen das Heiligtum von Asklepios erbaut. Während der römischen Besetzung diente Levin vermutlich als Sanatorium für wohlhabende kranke Römerinnen und Römer vornehmlich aus dem Norden Afrikas. Die Behandlung bestand aus einer Diät mit lokalem Obst und Mineralwasser einer antiken Quelle nahe dem Tempel, dem therapeutische Eigenschaften zugeschrieben wurden. Levin wurde beim großen Erdbeben 46 v. Chr. zerstört und anschließend zum heutigen Lentas neu aufgebaut.

Sie halten sich rechts und biegen nach 15 m rechts in eine abwärtsführende Betonstraße ab. Nach 70 m zweigen Sie vor einem verlassenen Steingebäude zur Linken nach links in einen schmalen, mit roten Punkten markierten Pfad ab, der

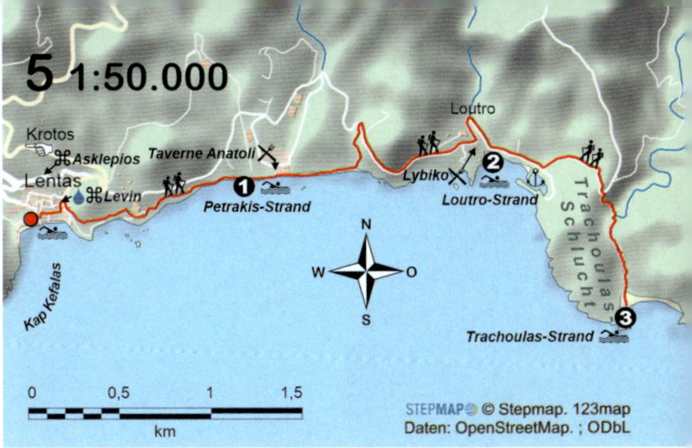

auf etwa 15 m Höhe verläuft und einen schönen Blick auf den konisch geformten Berg Kofinas (☞ Tour 4) in der Ferne bietet. Bei einer T-Kreuzung mit einem Pfad mit hölzernen Stufen gehen Sie links aufwärts und folgen einem gepflasterten Pfad zu den Apartments Levinthos. Bei der Steinmauer vor den Apartments gehen Sie rechts in den Garten. Der Pfad führt vorbei an Tamarisken und weiter auf etwa 15 m Seehöhe. Sie queren ein trockenes Flussbett und erreichen kurz darauf den Petrakis-Strand ❶ (km 1,5). Weiter geht es entweder am Strand entlang oder auf dem Pfad weiter landeinwärts zur Terrasse der Taverne Anatoli.

✕ Taverne Anatoli am Petrakis-Strand, ☏ 28 92 09 53 45, 📱 69 78 46 36 46, April-November täglich 12:00-23:00

Nach einer weiteren Passage entlang des Kiesstrandes mit zuletzt kurzer Klettereinlage über Felsen biegen Sie direkt vor dem Strandende links in das trockene, steinige Flussbett ab, markiert mit roten Punkten (km 2,1), bis Sie nach 240 m (ca. 5 Gehminuten) rechts in eine Asphaltstraße einbiegen und dieser etwa 1 km folgen, bis sich ein schöner Blick auf den neu erbauten Fischerhafen von Loutro bietet. Nach der Taverne Libyko zur Rechten führt Sie die Schotterstraße abwärts zum Loutro-Strand ❷ (km 3,6).

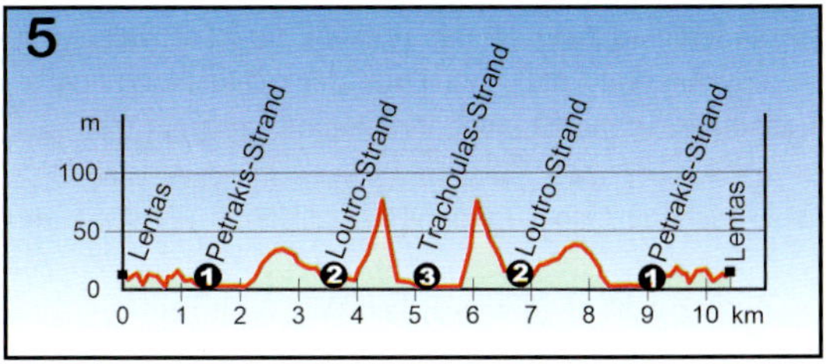

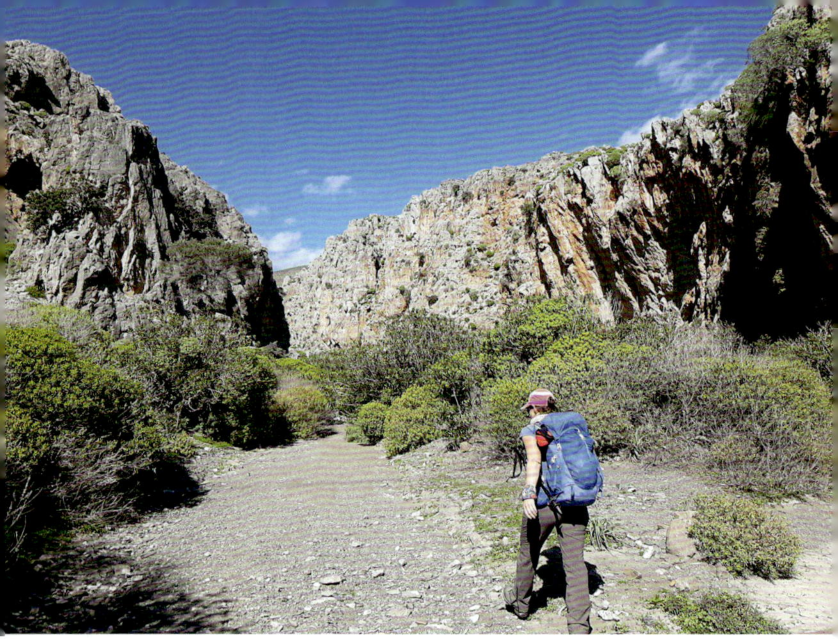

Trachoulas-Schlucht

✕ Taverne Lybiko beim Loutro-Strand, ☏ 28 92 09 52 29, April-November täglich 12:00-23:00

Beim Hafen biegen Sie links in die Schotterstraße ab, die Sie in 10 Gehminuten aufwärts zu einem Pass mit einem Holzgeländer zur Rechten (km 4,4, ⇧ 77 m) mit schönem Blick in die Trachoulas-Schlucht führt. Hier beginnt der mit roten Punkten markierte Abstieg mit einem Holzgeländer hinunter in das Flussbett der Schlucht. Diese ist an einigen Stellen so schmal, dass eine Ziege von einer Seite zur anderen springen könnte – daher die lokale Bezeichnung Faraggi Pidimatou (= „Sprungschlucht“). Am Ende der Schlucht erreichen Sie den fantastischen Trachoulas-Strand ❸, auch Psili Ammos genannt (km 5,2).

schöner Sandstrand mit kristallklarem Wasser, leider aber kaum Schatten

Zurück geht es auf demselben Weg nach Lentas.

6 Von Tsoutsouras zum Kloster Agios Nikitas

Tour für geschichtlich Interessierte und Badebegeisterte

Im Osten des Asterousia-Gebirges liegt das Küstendorf Tsoutsouras, beliebt bei den Einwohnerinnen und Einwohnern von Heraklion zum Baden und Einkehren in einer der vielen Tavernen. Ein Küstenpfad führt zum Dorf Maridaki am Ende einer Schlucht – einer grünen Oase mit großen Platanen und einem netten Strand. Von hier können Sie weiter durch eine einsame Landschaft zu dem idyllisch gelegenen Kloster Agios Nikitas wandern.

Start/Ziel: Hafen von Tsoutsouras, GPS N 34°59.089' E 025°17.157'

13,4 km

4 Std.

430 m/430 m

1-114 m

weiß-rote Markierungen

Küstenpfad von Tsoutsouras nach Maridaki, Schotterwege von Maridaki zum Kloster

Tsoutsouras bietet viele Cafés und Restaurants, von denen die meisten aber nur in der Sommersaison geöffnet sind (April bis Ende Oktober), einige aber auch ganzjährig. Entlang des Weges nach Maridaki bietet ein Kafenion einfache Gerichte an (km 2,2). Beim Brunnen in Maridaki (km 2,1), dahinter der Wasserquelle (km 2,2) und beim Kloster (km 7,2) können Sie Ihre Flasche auffüllen.

Zur Rast laden Bänke unter Schatten spendenden Bäumen bei der Quelle im Dorf Maridaki (km 2,2) sowie beim Kloster mehrere beschattete Plätze (km 7,2) ein.

zwei Supermärkte in Tsoutsouras nahe dem Hafen

großer Strand in Tsoutsouras sowie netter kleiner Strand entlang der Wanderung in Maridaki (km 2,1 und 11,3) und unterhalb des Klosters (km 7,2 – nach vorigem Besuch der Palmen)

Die Strecke bis Maridaki ist ideal für Kinder, die Fortsetzung zum Kloster zieht sich aber lange hin und bietet keinen Schatten! Gute Möglichkeiten zum Baden! Sie können die Tour kindgerecht abwandeln, wenn Sie nur von Tsoutsouras nach Maridaki wandern (einfach etwa 1 Stunde); hin und zurück sind das insgesamt 4,7 km. Am Zwischenziel Maridaki können Sie schwimmen und das Kafenion besuchen, ehe Sie wieder zurückgehen.

Gut geeignet für Hunde mit Wasserquellen unterwegs. Aber außer in Maridaki und beim Kloster gibt es keinen Schatten!

P Freies Parken am Hafen oder entlang der Küstenstraße. Außerdem gibt es in der Dorfmitte einen großen (kostenfreien) Parkplatz.

keine Busverbindung

Vom Hafen in Tsoutsouras folgen Sie der Küstenstraße 200 m in westliche Richtung bis zum nächsten Strand von Tsoutsouras. Dort folgen Sie der Straße bis zu deren Ende mit einem Wegweiser nach Maridaki (km 0,6). Es geht unterhalb eines Hauses entlang und auf der anderen Seite aufwärts über einige Stufen. Hier beginnt der rot-weiß markierte Wanderpfad nach Maridaki, der tolle Blicke über den Strand und hinüber nach Tsoutsouras bietet.

Sie folgen diesem Pfad entlang der Telefonleitung und eines Wasserrohrs. Bei dieser schönen, felsigen Küstenlandschaft passieren Sie eine leicht ausgesetzte Stelle, die mit Geländern gesichert ist ❶ (km 1,4). Bald erkennen Sie das kleine Dorf Maridaki unterhalb von Ihnen am Ende der Achendrias-Schlucht. Der Pfad führt zum kleinen Dorf hinab und erreicht eine Schotterstraße, der Sie links abwärts in das Dorf folgen, bald über Beton. Auf der Brücke queren Sie den Fluss ❷ (km 2,1).

An der Brücke können Sie bei einem Brunnen Ihre Wasserflasche auffüllen.

Nach der Brücke können Sie entweder direkt links zum Strand abbiegen oder rechts zur Wasserquelle und einem Kafenion unter Schatten spendenden Platanen, einem netten Rastplatz (km 2,2), gehen.

Kafenion Maridaki, ☏ 28 91 02 33 22, ganzjährig täglich 7:00-22:00, einfache Gerichte

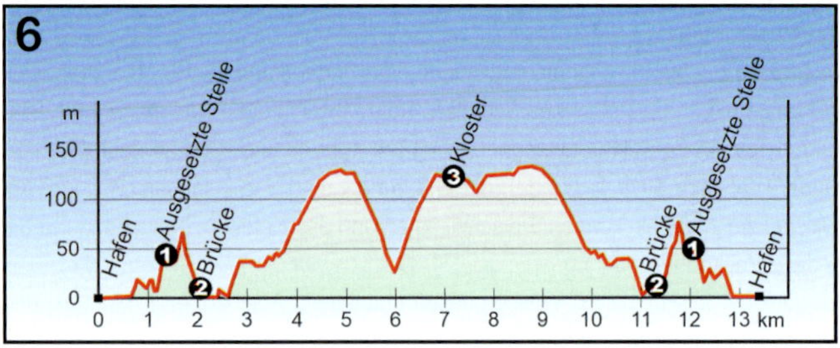

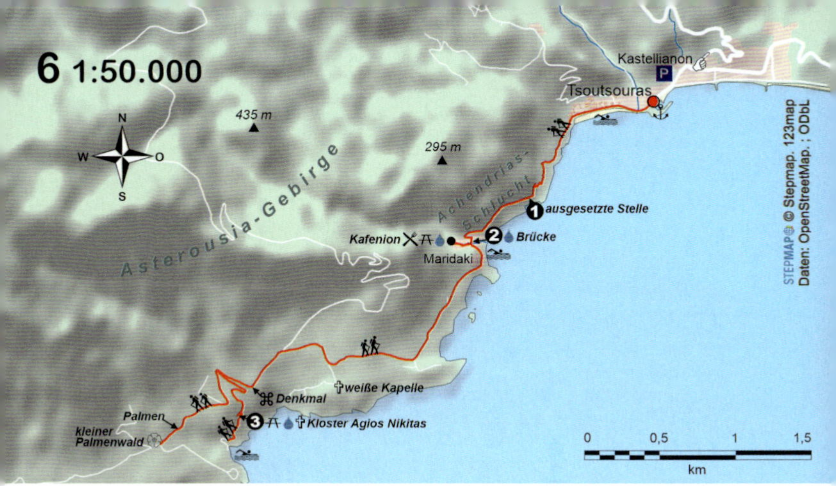

Zum Fortsetzen der Wanderung gehen Sie zurück zur Brücke und biegen rechts auf die ansteigende Betonstraße, die Sie aus Maridaki hinausführt. Nach neu erbauten Häusern folgen Sie dieser breiten, jetzt nicht mehr betonierten Straße durch eine verlassene Landschaft. Zur Linken taucht bald eine kleine, weiße Kapelle auf, die Sie aber nicht ansteuern. Nach 1,6 km auf dem breiten Weg ignorieren Sie eine scharfe Linkskurve (hin zur weißen Kapelle). Nach 400 m halten Sie sich geradeaus (Wegweiser Richtung Agios Nikitas) und beachten die rechte Abzweigung nicht. 300 m weiter passieren Sie ein Denkmal (km 4,7).

U-Boote retteten Untergrundkämpfer

Das Denkmal erinnert an einen denkwürdigen Vorfall in diesem Gebiet im Zweiten Weltkrieg am 17. September 1941: Eine Gruppe griechischer Widerstandskämpfer verließ die Küste von Maridaki in einem kleinen Fischerboot Richtung Ägypten, wo die griechische Regierung residierte. Die Kämpfer sollten die Regierung über die Gefahren unterrichten, die nach der Schlacht von Kreta im Asterousia-Gebirge versteckten alliierten und griechischen Kämpfern durch die deutschen Besatzer drohten. Nach langer Fahrt erreichte das kleine Fischerboot Ägypten, woraufhin Evakuierungsmissionen der auf Kreta Eingeschlossenen per U-Boot begannen. Die Alliierten und Untergrundkämpfer wurde vom benachbarten Kap Kerkelos per U-Boot in das sichere Ägypten gebracht. Das nur schwer zugängliche Gebiet der südlichen Strände von Asterousia mit den vielen Höhlen und Schluchten war ein ideales Versteck für die Widerstandskämpfer während des Weltkrieges, die von der lokalen Bevölkerung mit Essen und Ausrüstung unterstützt wurden.

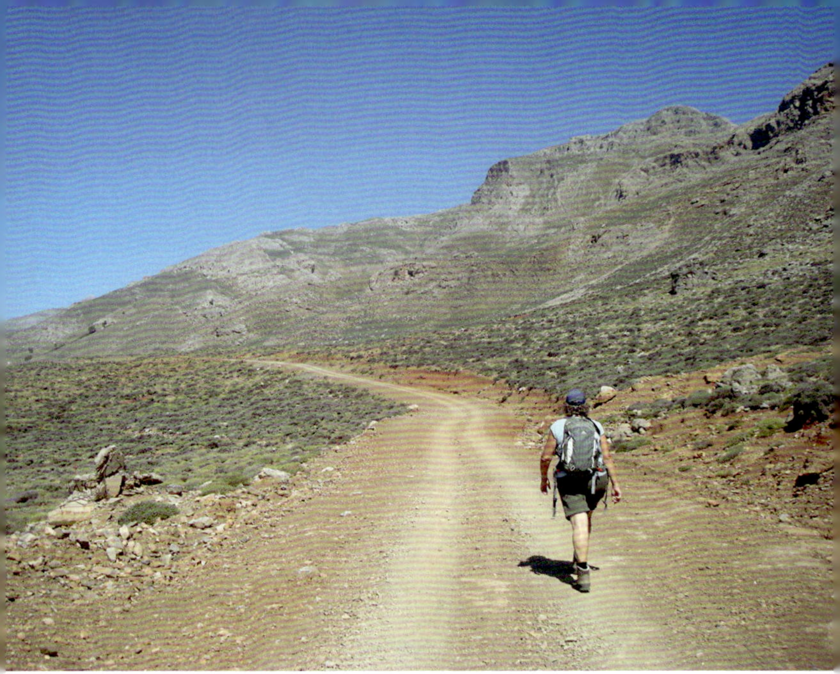

Schotterweg Richtung Agios Nikitas

Unterhalb des Denkmals erkennen Sie das Kloster Agios Nikitas. Sie folgen der Schotterstraße noch 250 m und gehen dann entweder ↳ direkt links abwärts zum Kloster oder noch 800 m geradeaus zu einigen schönen Palmen (Theophrastus), die einsam in der Landschaft stehen (km 5,7). Nach den ersten Bäumen gehen Sie 100 m weiter mit einem kleinen Palmenwald zur Rechten, genannt *finikodasos*. Anschließend geht es zurück, nach rechts und 500 m abwärts zum Eingang des Klosters Agios Nikitas ❸ (km 7,2).

schöner Pausenplatz und Gelegenheit zum Besuch der Höhlenkirche

Zum Strand gelangen Sie auf dem Pfad durch den Garten und weiter über Stufen abwärts.

schöner Kiesstrand mit kristallklarem Wasser

✞ Kloster Agios Nikitas

Das auf einem Hügel mit atemberaubender Sicht zum Libyschen Meer erbaute Kloster Agios Nikitas war ursprünglich eine Einsiedelei von Mönchen des Klosters Koudoumas. Die dem heiligen Nikotias geweihte Klosterkirche (Fest am 15.9.) wurde um 1640 in einer Höhle erbaut. Im Inneren fallen alte Fresken und die auf Türkenangriffe zurückgehenden Brandflecken im Kirchendach auf. Durch eine Vertiefung in der Kirche fließt Wasser, das als heiliges Nass genutzt wird.

Kloster Agios Nikitas

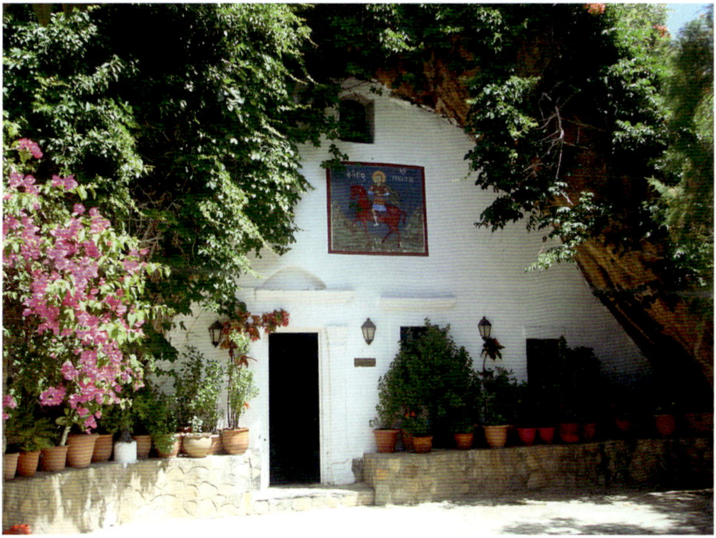

Nach dem Besuch vom Kloster bzw. dem Strand geht es auf demselben Weg zurück zum Abzweig und dort auf dem bekannten Weg nach rechts zurück nach Tsoutsouras. Auf dem Rückweg bietet sich ein weiterer Badestopp in Maridaki an.

7 Durch die Rouvas-Schlucht von Agios Ioannis

Tour für Landschaftsfans

Die Wanderung durch die Rouvas-Schlucht beginnt am schön gelegenen Votomos-See am Rande des Dorfs Zaros. In dem See dieser wasserreichen Gegend werden Forellen für lokale Tavernen gezüchtet. Der gut markierte Pfad durch diese eindrucksvolle Schlucht führt an einigen schwierigen Stellen auf Holzbrücken über das Flussbett. Bei der Kapelle Agios Ioannis erwartet Sie ein schattiger Platz mit Brunnen, Bänken und großen Platanen.

- Start/Ziel: Parkplatz am Votomos-See am Rand von Zaros, GPS N 35°08.374' E 024°54.618'
- 10,7 km
- 4 Std.
- 600 m/600 m
- 410-942 m
- Wegweiser E4 sowie rot-weiße Punkte und Holzschilder
- Gut unterhaltener Pfad, der an einigen Stellen leichte Klettereinlagen bietet. Im Frühjahr kann der Fluss, dessen Bett Sie mehrmals queren müssen (Vorsicht wegen rutschiger Steine!), eine Menge Wasser führen.
- viele Tavernen und Cafés am See und in Zaros, unterwegs keine Einkehrgelegenheiten; Brunnen mit Trinkwasser auf dem Plateau von Agios Ioannis (km 5,5)
- Bänke in der Schlucht (Aussichtspunkt) (km 2,7 und 8,1), kurz dahinter (km 3,9 und 6,9) sowie auf dem Plateau von Agios Ioannis (km 5,5)
- Minimärkte im Dorf Zaros
- Diese schöne Tour ist für ältere Kinder gut machbar: eine spektakuläre Schlucht, ein wenig Klettern und ein schöner Picknickplatz bei Agios Ioannis.
- Hundebesitzer sollten auf Ziegen und Schafe achten. Die beliebte Schlucht zieht außerdem eine Menge Menschen an, daher ist sie nicht ideal für Vierbeiner!
- Freies Parken am Votomos-See. Anfahrt: Vom Dorf Zaros folgen Sie den Wegweisern zum Votomos-See. Nach dem Passieren des Hotels Idi und der Taverne Votomos erreichen Sie den See.
- keine Busverbindung von/nach Zaros

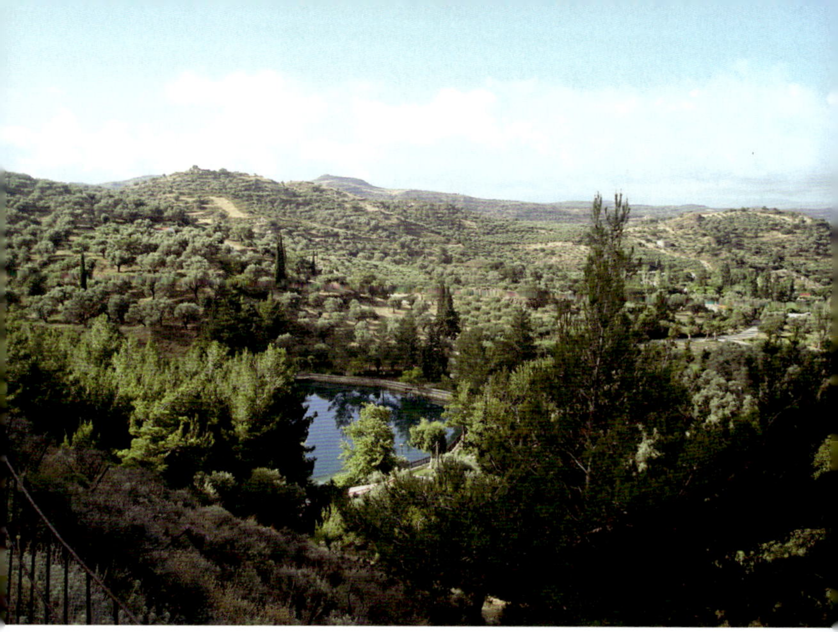

Blick auf den Votomos-See

Vom Parkplatz beim Votomos-See wandern Sie durch den Torbogen am linken Seeufer auf die Taverne Limni zu, deren Terrasse Sie queren. Dahinter beginnt der Pfad mit Holzgeländer (Schild „To the gorge/Agios Ioannis").

✕ Taverne Limni, ☏ 28 94 03 12 11, 💻 www.zaros-lake.com, ganzjährig täglich 8:00-00:00

Votomos-See – eine ehemalige Quelle

Früher war an der Stelle des heutigen Votomos-Sees ein kleines Feuchtgebiet, gespeist von der Votomos-Quelle. Der See erhielt seine heutige Form 1987, als die Forstbehörde die Fläche mit einem künstlichen See wiederbelebte, in dem das Wasser der Quelle gespeichert wird.

Der Pfad führt mit schönem Seeblick und sattem Salbeibewuchs aufwärts und unterwegs ist ein Tor zu öffnen bzw. wieder zu schließen. Bald erscheinen die Rouvas-Schlucht und das Kloster Agios Nikolaos vor Ihnen (km 0,7).

Bei einem Zaun wandern Sie geradeaus.

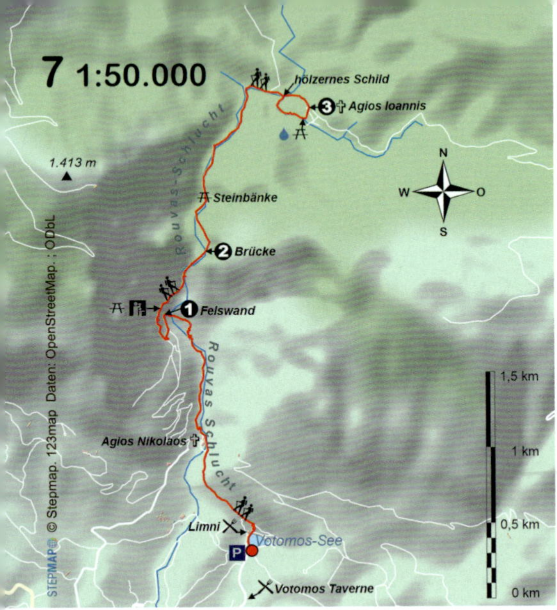

Abstecher zum Kloster Agios Nikolaos (2 x 130 m): Für einen Besuch des Klosters mit Kirche biegen Sie hier links ab. Das Kloster selbst ist kaum sehenswert, aber die kleine Kapelle dahinter hat einige nette Fresken.

Sie queren das trockene Flussbett und wandern hinter einem Gebäude entlang, das zum Kloster gehört. Der Pfad führt an der linken Seite des Flussbettes weiter hinauf in die Schlucht. Nach etwa einer halben Stunde nach dem Kloster erreichen Sie eine schöne überhängende Felswand ❶ (km 2,2). Der Pfad führt entlang der Felswand, ehe Sie sich kurz darauf bei einigen Wegweisern zur Schlucht rechts halten. Der Pfad steigt steil an zu einem Aussichtspunkt mit Holzbänken (km 2,7).

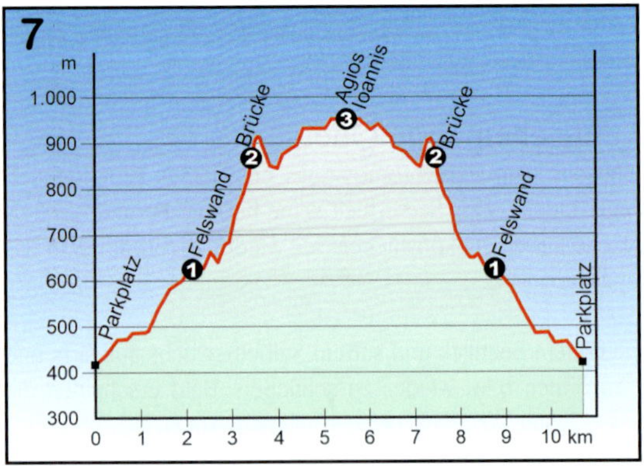

fantastische Blicke rund 100 m hinunter in die Schlucht

Kermeseichenparadies Rouvas-Schlucht

Die Rouvas-Schlucht ist Teil des gleichnamigen Waldes, der von Kermeseichen (*Quercus coccifera*) dominiert wird. Dieser Kermeseichenwald gilt als einer der größten Europas mit beeindruckenden jahrhundertealten Bäumen, die aus der sonst vorherrschenden Strauchform dieser Art entwachsen sind.

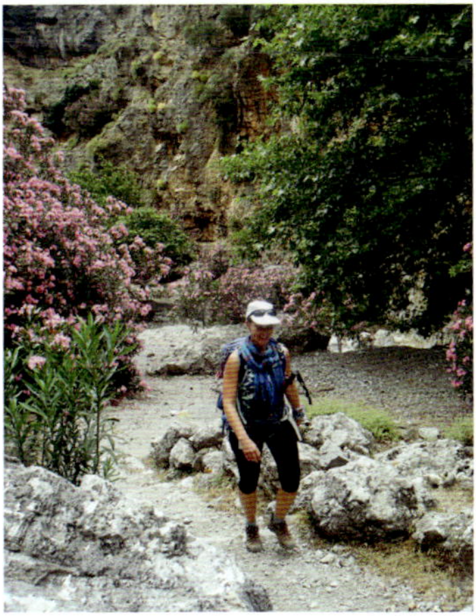

In der Rouvas-Schlucht

Die Schlucht wird schmaler und Sie wandern stellenweise über glatt polierte Steine des Flussbettes. Bei einer sehr schmalen Stelle erreichen Sie eine hölzerne Brücke und nach dieser eine weitere, gestützt auf Metallstreben ❷ (km 3,4). Sie gehen weiter aufwärts. Kurz nach der Brücke lädt ein schattiger Picknickplatz zur Rast ein. Große Steine dienen als Tisch und Bänke (km 3,9). Den steilsten Anstieg haben Sie hinter sich! Weiter geht es durch Wald und mehrmals durch das Flussbett. Etwa eine halbe Stunde nach den Steinbänken erreichen Sie ein hölzernes Schild, das rechts nach Agios Ioannis weist (km 5,1) – auf dem Weg geradeaus werden Sie zurückkommen. Sie folgen dem Wegweiser nach rechts und erreichen nach 400 m (ca. 10 Minuten) eine große offene Fläche (km 5,5).

Mehrere Bänke unter Schatten spendenden Bäumen und eine Quelle mit trinkbarem Wasser laden zur Rast ein.

Etwas oberhalb erreichen Sie die ✝ Kapelle von Agios Ioannis ❸ (km 5,6, ⇧ 932 m) mit schönem Ausblick zu den umgebenden Bergen. Nach der Pause folgen Sie dem Pfad gegenüber der Kapelle abwärts (Holzschilder „Agios Nikolaos"). Nach wenigen Minuten passieren Sie das Holzschild, wo Sie auf dem Hinweg abgebogen sind. Jetzt geht es geradeaus auf demselben Weg durch die Schlucht weiter, den Sie gekommen sind, zurück zum Votomos-See.

8 Auf den Berg Giristi

Tour für Gipfelstürmerinnen und Gipfelstürmer

Vom Dorf Ano Asites wandern Sie zur Prinos-Berghütte. Von hier geht es aufwärts in ein unwirtliches und abgelegenes Gebiet, das vom Giristi (⇧ 1.779 m) überragt wird. Diese herausfordernde Tour führt zwar nicht auf den höchsten Berg, erfordert aber viel Ausdauer und eine gute Orientierung. Oben am Gipfel werden Sie mit einem fantastischen Weitblick für die Strapazen des Aufstieges belohnt.

⇆ Start/Ziel: am südlichen Dorfende von Ano Asites und der kleinen Straße mit einem Hinweisschild zur Prinos-Berghütte, GPS N 35°11.519' E 024°59.810'

14,6 km (bei Abkürzung nur zur Prinos-Berghütte 7 km (und Schwierigkeit: ●))

7 Std. (nur bis Prinos-Berghütte 3 Std. 30 Min.)

↑↓ 1.340 m/1.340 m (nur bis Prinos-Berghütte 600 m/600 m)

⇧ 484-1.779 m

bis zur Prinos-Berghütte zwei rote Streifen sowie gelb-schwarze E4-Markierungen, von dort zum Sattel vor dem Gipfel E4-Pfähle und weitere Markierungen sowie Steinhaufen, vom Sattel zum Gipfel einige wenige rote Punkte und Steinhaufen

Der erste Teil führt entlang einer Schotterstraße. Weiter geht es zur Prinos-Hütte auf einem stellenweise überwachsenen Pfad. Von der Hütte bis zum Gipfel Giristi wandern Sie in abgelegener Landschaft auf einem steilen und stellenweise etwas undeutlichen Pfad. Man muss sich an den – seltenen – E4-Pfählen sowie Steinhaufen orientieren. Auf dem letzten Teilstück zwischen Sattel und Gipfel gibt es keinen Pfad, aber der Wegverlauf ist offensichtlich und mit roten Punkten sowie Steinmännchen grob vorgegeben.

in Ano Asites kleines Kafenion, weitere Tavernen/Cafés im benachbarten Dorf Kato Asites; Brunnen mit trinkbarem Wasser 100 m von der Prinos-Hütte entfernt bei großer Platane (km 3,6)

Bänke bei der Prinos-Hütte (km 3,5), die selbst nur für Mitglieder des Alpinistenvereins zugänglich ist.

in Ano Asites Minimarkt, weitere im benachbarten Dorf Kato Asites

keine kindgerechte Tour

für Hunde nicht geeignet

P freies Parken am Start der Tour in Ano Asites

Bus von Heraklion nach Ano Asites: 6:30, 13:00, 14:30, zurück von Ano Asites: 7:00, 14:10, 15:15 (einfache Fahrt ca. € 3), www.ktelherlas.gr, 400 m vom Startpunkt

Für den mit Stechginster verwachsenen Wegabschnitt vor der Berghütte sind lange Hosen ratsam! Gutes Wetter und zumindest keine Gewitterneigung sind ein Muss!

Im Dorf finden Sie zu Beginn der Wanderung an der Bushaltestelle kleine Versorgungsmöglichkeiten.

Minimarkt Ariadni Piperaki, Ano Asites 700 13, ☎ 28 10 86 15 00, täglich 8:00-22:00

Kafenion Xaralambakis, Ano Asites 700 13, ☎ 28 10 86 14 27, ganzjährig täglich 7:00-22:00

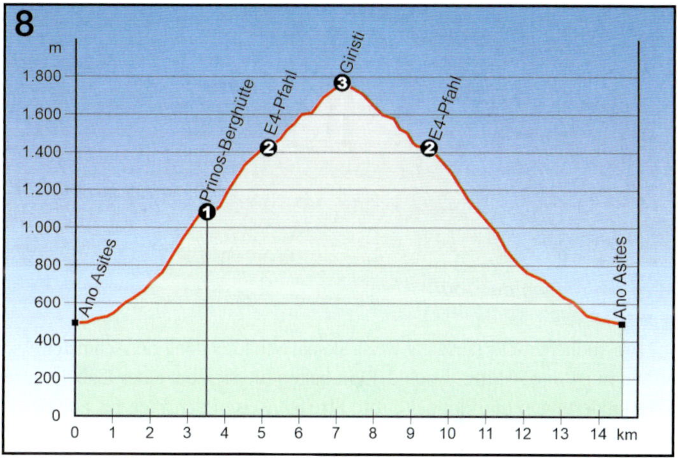

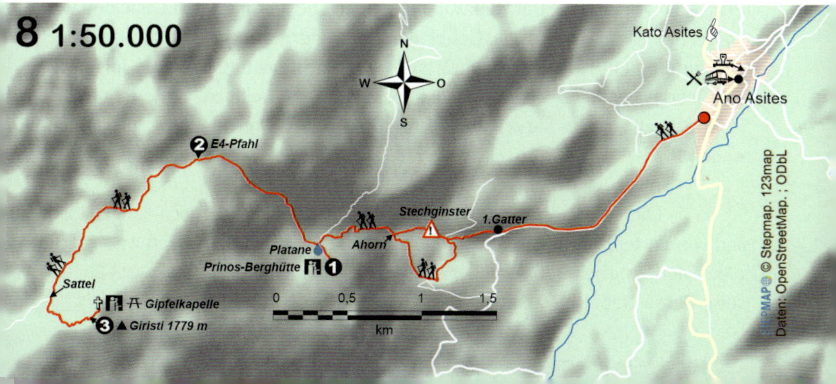

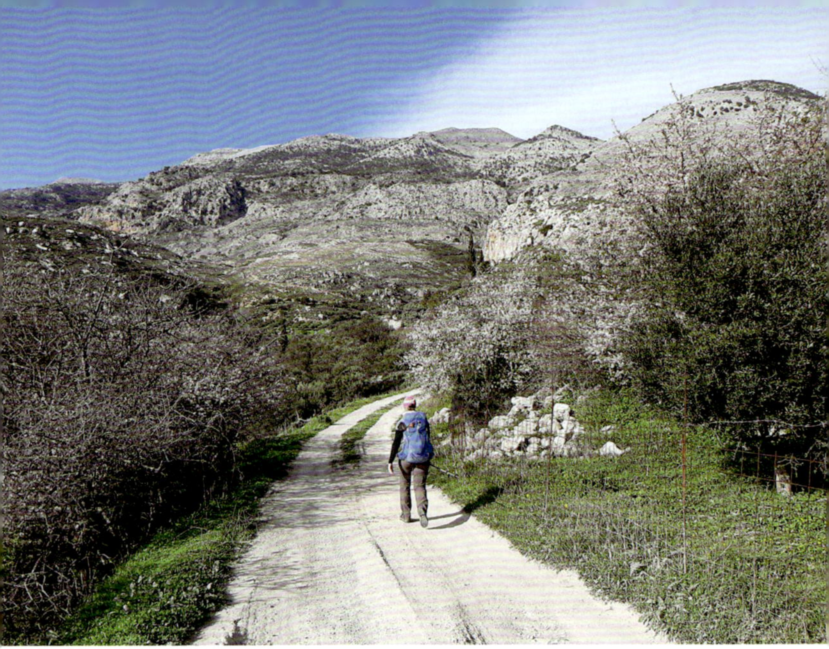

Weg am Anfang der Tour

Am südlichen Dorfausgang weist Sie ein Schild entlang der schmalen Asphaltstraße zur Prinos-Hütte. Nach 200 m halten Sie sich bei einer Gabelung rechts. E4-Markierungen und doppelte rote Streifen weisen den Weg bis zur Berghütte. Die Straße wird zu einem Schotterweg, der stellenweise betoniert ist. Sie ignorieren zwei rechte Abzweigungen und halten sich bei der nächsten Gabelung rechts. Sie folgen der Straße aufwärts und gehen bei der nächsten Gabelung wieder rechts. Sie passieren ein Gatter (km 1,7) und gehen kurz darauf bei einer Gabelung erneut rechts und aufwärts. 100 m nach einem Olivenhain folgen Sie dem markierten Pfad geradeaus und passieren ein weiteres Gatter. Bei einer Schotterstraße gehen Sie rechts und nach 20 m links entlang eines aufwärtsführenden Pfads.

Dieser Wegabschnitt ist oft mit Stechginster überwachsen, lange Hosen sind von Vorteil! Alternativ kann dieser Abschnitt wie folgt umgangen werden: Sie folgen der Schotterstraße vor der Abzweigung des Pfads nach links (später teilweise Betonstraße) bis zum Ahorn.

Der Pfad führt durch Stechginster aufwärts zu einem Ahorn bei einer Felswand und dem Beginn eines Bergeinschnitts – ein schöner Platz für eine Pause (km 2,5). Sie halten sich rechts mit der Felswand zur Linken und steigen kurz darauf in Serpentinen aufwärts. Nach 600 m und 200 Höhenmeter Anstieg (ca. 20 Minuten) queren Sie eine leicht ansteigende Hochfläche, wo Sie einen rechts abzweigenden Pfad ignorieren. Sie wandern weiter zur zuvor links erkennbaren Prinos-Berghütte ❶, deren Terrasse zur Pause einlädt (km 3,5). Die 1967 eröffnete Hütte kann 30 Personen beherbergen und ist auf Anfrage geöffnet (💻 www.eos-her.gr).

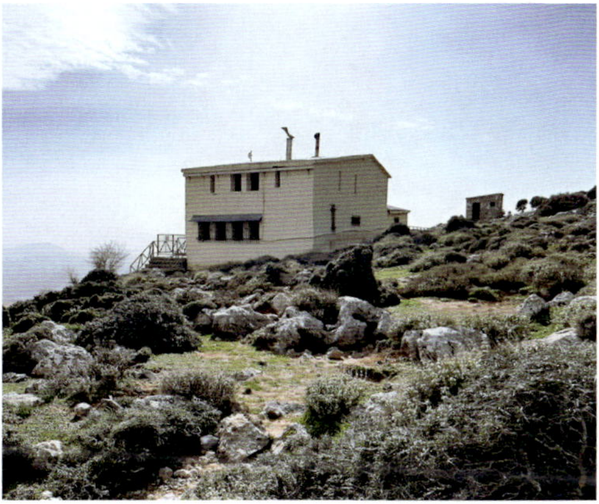

Die Prinos-Berghütte

weite Blicke ostwärts zu den unterhalb liegenden Dörfern, zum Berg Jouchtas (Tour 9) und in der Ferne zum Dikti-Gebirge

Von der Hütte geht es zunächst zurück, ehe Sie nach einigen Metern links abzweigen und eine große Platane mit Trinkwasserbrunnen erreichen (3,6 km). Der Pfad führt nordwestwärts in Richtung des Bergeinschnitts und eines E4-Pfahls (3,8 km). Hier enden die roten Markierungen, sodass zur Orientierung nur die – seltenen – E4-Pfähle und sporadisch Markierungen und Steinhaufen den Weg weisen. Der Pfad führt zunächst rechts vom Einschnitt aufwärts, später in der Mitte. Nach einer halben Stunde steilen Anstiegs erreichen Sie den nächsten E4-Pfahl bei einer weniger geneigten Fläche ❷ (km 4,8). Sie halten sich leicht links – Steinhaufen und den nächsten E4-Pfahl im Blick! Links ist der Giristi-Gipfel mit seiner Kapelle erkennbar. Nach weiterem Anstieg in südwestliche Richtung erreichen Sie wieder ein etwas flacheres Gebiet mit kleinen Bäumen, wo Sie den nächsten E4-Pfahl erreichen (km 5,3). Stellenweise ist es eine Herausforderung, den Weg zu finden, an einer anderen Stelle wandern Sie am Rand einer Bergflanke mit einer kleinen und breiteren Schlucht zur Rechten. Achten Sie auf Steinhaufen

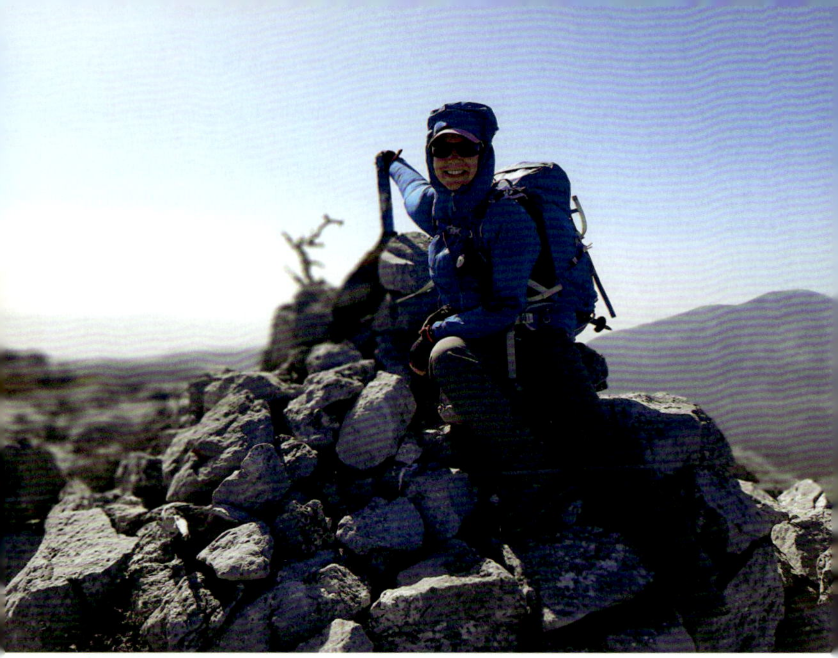

Gipfel des Giristi

und E4-Pfähle! Bald gibt der erkennbare Sattel rechts an der Bergflanke die Richtung vor. Am Sattel erwartet Sie neben dem E4-Pfahl ein großer Steinhaufen (km 6,7).

Vom Sattel steigen Sie links aufwärts zum Giristi-Gipfel, sporadisch markiert mit roten Punkten und Steinhaufen. Nach 100 m Anstieg ist der Gipfel des Giristi ❸ erreicht (km 7,1, ⇧ 1.779 m). Wenn Sie 100 m über das Gipfelplateau wandern, erreichen Sie die 2012 erbaute, steinerne ✞ Kapelle Agios Pandes.

Schöner Rundumblick von der Kapelle mit Sitzgelegenheit: Zu sehen sind im Westen der Psiloritis, im Osten das Dikti-Gebirge, im Norden die Stadt Heraklion und im Süden das Asterousia-Gebirge mit dem Berg Kofinas (Tour 4).

Zurück geht es auf demselben Weg, wobei im letzten Abschnitt nach dem Ahorn der weniger steile Abstieg entlang der Straße zu bevorzugen ist. Kalkulieren Sie etwa 3 Stunden für den gesamten Abstieg ein.

9 Zum minoischen Bergheiligtum Jouchtas

Tour für Gipfel- und Kulturfans

Der Berg Jouchtas (811 m), auch „Juktas" oder „Giouchtas", liegt westlich des Dorfes Archanes in einer einmaligen Landschaft mit fruchtbaren Tälern, Wein- sowie Olivengärten. Das minoische Volk schätzte ihn als Bergheiligtum. Die Wanderung führt von Archanes steil aufwärts zur vierschiffigen Kirche Afendis Christos (auch „Afenti Christu" geschrieben) auf dem Südgipfel des Jouchtas. Von dort wandern Sie zum zweiten Gipfel mit dem Gipfelheiligtum. Diese Tour bietet nicht nur kulturelle Sehenswürdigkeiten, sondern auch fantastische Ausblicke!

- Start/Ziel: Hauptplatz in (Ano) Archanes, GPS N 35°14.036' E 025°09.514'
- 9 km
- 3 Std. 30 Min.
- ↑↓ 570 m/570 m
- 355-799 m
- Der größte Teil des Weges ist rot-weiß sowie mit einigen Pfeilen auf Schildern markiert.
- auf dem Jouchtas gut markierter Pfad (rot-weiß und orange), in Archanes und auf den letzten 3 km zurück nach Archanes ruhige Asphaltstraße
- viele Restaurants und Cafés in Archanes, unterwegs keine Einkehrgelegenheit
- Steinbänke mit toller Aussicht bei der Kirche Afendis Christos (km 2,6)
- In Archanes gibt es mehrere Supermärkte/Bäckereien.
- Die Wanderung selbst ist für ältere Kinder machbar. Der steile, technisch nicht schwierige Anstieg wird mit einem tollen Blick von oben belohnt.
- Vierbeiner können mit, finden unterwegs aber kein Wasser, kaum Schatten und sollten keine Probleme beim steilen Anstieg haben sowie auf dem letzten Stück Asphaltstraße.
- P Freies Parken ist überall in Archanes möglich. Ein regulärer Parkplatz befindet sich an der breiten Straße zur Ortsmitte.
- Busverbindung vom Busbahnhof in Heraklion Mo-Fr 6:45, 8:30, 14:15, 16:15, Sa 7:45, 15:15, zurück von Archanes nach Heraklion Mo-Fr 7:15, 9:00, 15:00, 17:00, Sa 8:15, 16:00 (einfache Fahrt € 3)
- Heraklion Taxi, ☎ 28 14 00 30 84, www.herakliontaxi.com (einfache Fahrt Heraklion – Archanes etwa € 15), in Archanes Taxi Archanes, 69 44 91 06 53

Archanes

Das traditionelle Dorf Archanes besteht aus zwei Ortsteilen: Kato (unteres) Archanes und Epano (oberes) Archanes. Das obere Archanes ist der größere Teil mit vielen schönen, restaurierten, neoklassischen und traditionellen Gebäuden. Beliebt sind der gute Wein und die vielen archäologischen Stätten. Einen Überblick vermittelt das Archäologische Museum mit einer interessanten Ausstellung über minoische Kultur.

⌘ Archäologisches Museum, Lampraki 101, Epano Archanes 701 00, ☏ 28 10 75 27 12, ganzjährig Mi-Mo 8:30-15:00, Eintritt € 2

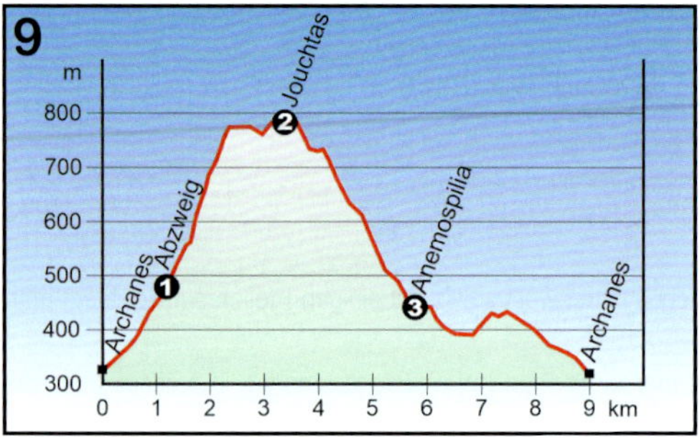

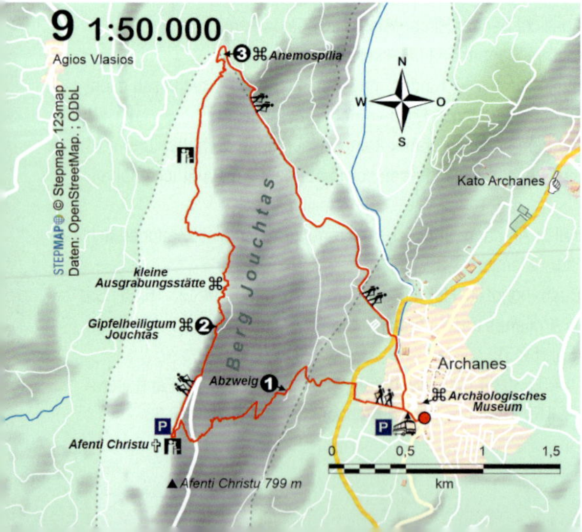

Vom Hauptplatz mit seinen Cafés und Restaurants folgen Sie der Hauptstraße zum Platz Eleftherias mit einer Bushaltestelle. Sie queren den Kreisverkehr und folgen geradeaus der schmalen Straße Panagioti Ke Elenis Protogeraki. Nach 200 m gehen Sie bei einer Kreuzung geradeaus, kurz darauf bei einer T-Kreuzung links und sofort danach rechts entlang einer Straße zur Hauptumgehungsstraße (km 0,6).

Sie queren diese Straße und sehen auf der linken Seite eine Raki-Brennerei mit Fässern. Sie folgen hier der schmalen Betonstraße aufwärts und ignorieren Abzweigungen, ehe Sie nach 300 m bei einem Haus zur Rechten nach rechts abbiegen (kleiner Wegweiser „Afenti Christu"). Bei der Betonstraße halten Sie sich rechts und nehmen nach 70 m links die Schotterstraße („Afenti Christu"). Ab hier begleiten Sie rot-weiße Markierungen. Nach 200 m biegen Sie rechts in den rot-weiß markierten Pfad ab ❶ (km 1,2), der steil aufwärtsführt, in Richtung Afendis Christos ab. Sie folgen dem deutlich markierten Pfad zu einer Schotterstraße, die Sie nach 1 km (und 300 m Anstieg) erreichen.

Unterwegs bieten sich zunehmend bessere Blicke; Archanes ist unten gut erkennbar. Bei der Schotterstraße halten Sie sich rechts und nach 30 m links, um dem Pfad aufwärts zu einer Betonstraße zu folgen und dieser links zum Parkplatz der Kirche. Stufen führen Sie zur spektakulär oberhalb eines Kliffs gelegenen Kirche Afendis Christos (km 2,6).

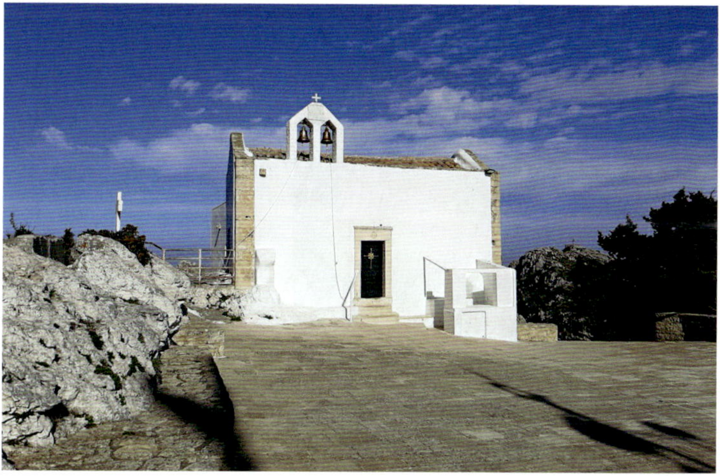

Die Kirche Afendis Christos

✞ Die vierschiffige Kirche Afendis Christos ist der Erlösung Christi gewidmet, mit Festtag am 6. August. Die Kirche geht zurück auf das Jahr 1443 und ist das Überbleibsel eines Klosters aus venezianischer Zeit. Das Kloster wurde viel von Personen auf der Suche nach dem Grab von Zeus besucht, das die Kreterinnen und Kreter auf dem Berg Jouchtas vermuteten, dessen Name sich von „Jupiter" ableiten soll, dem lateinischen Namen des Göttervaters Zeus.

toller Ausblick von der Kirche mit weiter Aussicht hinunter auf die Region von Archanes mit vielen Weingärten bis nach Heraklion und dem Meer

Sie gehen zurück zum Parkplatz und folgen der Schotterstraße in Richtung Telefonmasten in der Ferne. In einer scharfen Rechtskurve der Straße (km 3,1) gehen Sie geradeaus auf dem zunächst gepflasterten und später steinigen, rot-weiß markierten Pfad (Schild „Minoan Peak Sanctuary"). Nach 300 m (km 3,4, ⇧ 776 m) wandern Sie links aufwärts (orange Punkte) zum Zaun und dem Schild „Minoan peak sanctuary" ❷ (km 3,5, ⇧ 793 m). Der rot-weiß markierte Pfad führt geradeaus weiter, aber berührt nicht den Gipfel!

⌘ Gipfelheiligtum Jouchtas

Das vermutlich um 2100 v. Chr. angelegte Gipfelheiligtum von Jouchtas diente dem 13 km entfernten Palast von Knossos und wurde 1909 vom Briten Arthur Evans entdeckt. Die Minoerinnen und Minoer erbauten hier mindestens zwei Heiligtümer: eines am höchsten Punkt (Psili Korifi) und ein zweites bei Anemospilia.

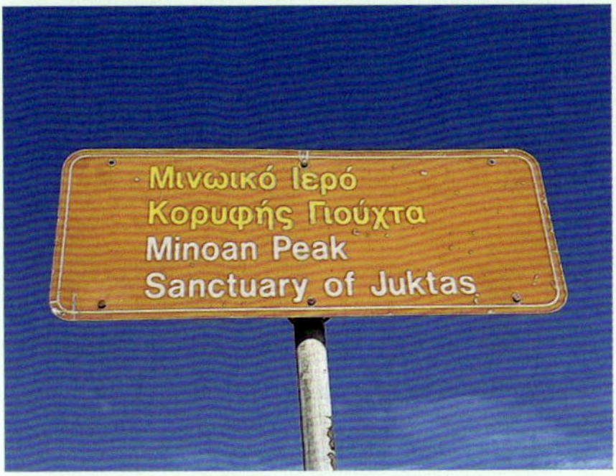

Schild „Minoan Peak Sanctuary"

Beim Heiligtum auf dem Gipfel (Psili Korifi) fand man bei archäologischen Arbeiten viele Götzenfiguren von Männern, Frauen, Tieren und Körperteilen sowie Opfertische, goldene und silberne Anhänger, Bronze-Äxte, Goldschmuck und Inschriften in Linear A – neben Hieroglyphen eine der beiden Schriften des minoischen Volkes.

Bei der Anlage von Anemospilia am Nordhang des Jouchtas förderten Ausgrabungen die ältesten Spuren menschlicher Heiligtümer im minoischen Kreta zutage – das zweigeschossige Gebäude wurde im 17. Jh. v. Chr. erbaut und zwei Jahrzehnte später durch ein Erdbeben zerstört. Die bedeutendste Entdeckung bei den Ausgrabungen waren vier menschliche Skelette, von denen eines auf einem trapezförmigen Tisch mit einem Schwert im Körper gefunden wurde – nach Ansicht von anthropologischen und forensischen Gutachten handelte es sich um ein religiöses Menschenopfer.

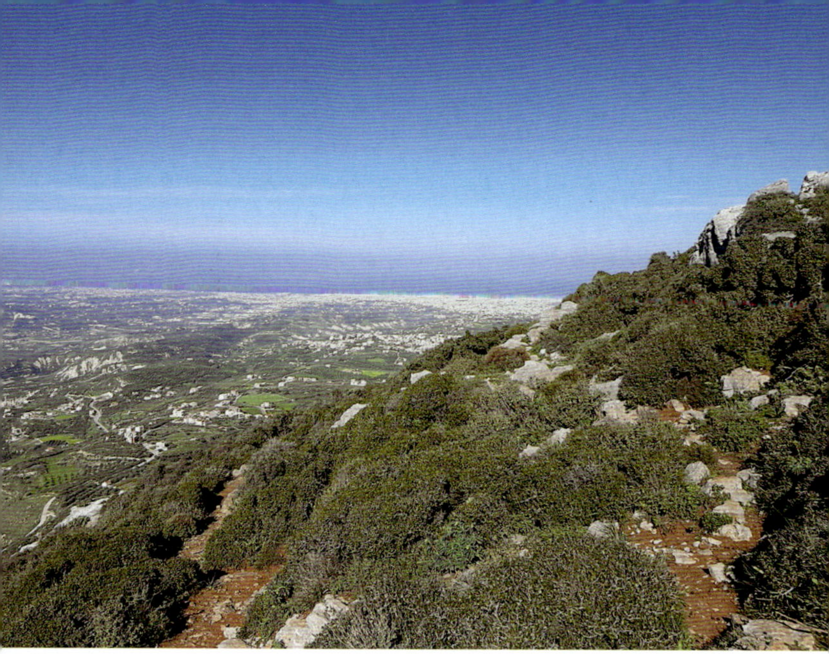

Weg auf der Westseite des Jouchtas (Ansicht Heraklion)

Leider kann das Heiligtum nicht besucht werden. Sie gehen weiter rechts am Zaun entlang und passieren Gebäude sowie Telefonmasten. Der orange markierte Pfad führt abwärts zum rot-weiß markierten Pfad, dem Sie geradeaus weiter folgen. Kurz darauf passieren Sie eine andere kleine ⌘ archäologische Ausgrabungsstätte (km 3,7). Der Pfad führt mit einer kleinen Klettereinlage weiter abwärts und schwenkt bald in westliche Richtung. Mehrere Metallschilder informier(t)en über heimische Blumen, sind aber kaum noch lesbar. Der Weg führt an der westlichen Seite des Jouchtas mit schönen Blicken zum Ida-Gebirge und der Stadt Heraklion im Norden abwärts.

Dieser schöne Pfad erreicht nach 2 km eine Asphaltstraße mit der ⌘ archäologischen Stätte von **Anemospilia** ❸ (km 5,8). Dieser ruhigen Asphaltstraße folgen Sie rechts 2,6 km zur Umgehungsstraße von Archanes (km 8,4) und ignorieren dabei Abzweigungen (auch farblich markierte). Sie queren die Ringstraße und folgen gleich darauf der Straße rechts zurück zum Zentrum. Am Kreisverkehr mit der Bushaltestelle gehen Sie links zurück zum Hauptplatz des Ortes.

Westlicher Teil der Präfektur Lassithi: Elounda, Lassithi-Plateau, Mirtos, Kavousi

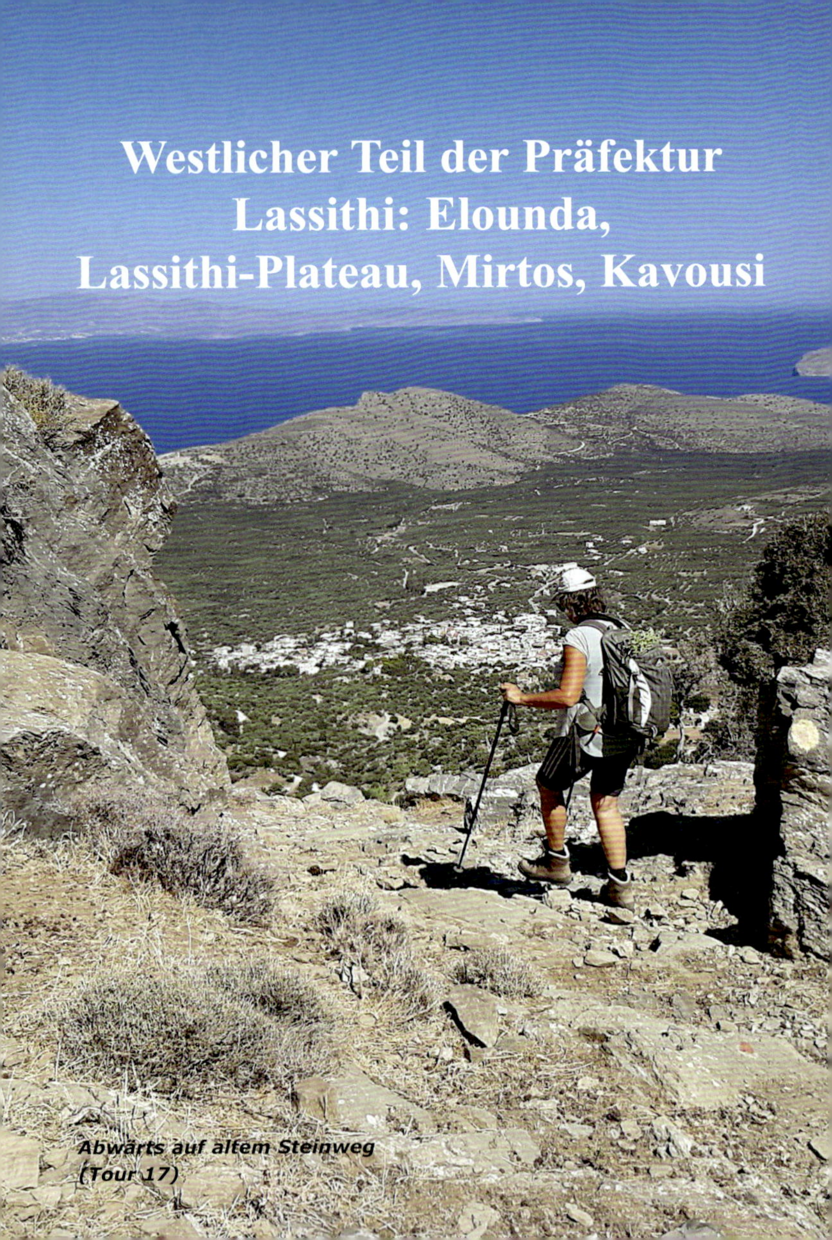

Abwärts auf altem Steinweg (Tour 17)

10 Rundwanderung bei Karfi

Tour für Fans von Gipfeln und Kultur

Diese schöne und relativ einfache Tour führt Sie vom Lassithi-Plateau zum Gipfel des Karfi über gut erhaltene kalderimia *(= Steinpfade) und einen kleinen Bergpfad. Oben erwarten Sie ein weites Panorama mit Blicken zu den Dikti-Bergen, dem Lassithi-Plateau und der Nordküste. Unterhalb des Gipfels liegen Ruinen einer alten minoischen Siedlung. Über die Hochfläche von Nissimos wandern Sie zurück zum Lassithi-Plateau.*

Start/Ziel: Rathaus von Tzermiado, GPS N 35°11.863' E 025°29.263'
8,7 km
3 Std.
350 m/350 m
780-1.128 m
aufwärts zum Karfi rote Punkte, abwärts zur Hochfläche von Nissimos E4-Wegweiser
alte Pfaden (*kalderimia*) und beim Aufstieg zuletzt schmaler Pfad zum Gipfel, in Tzermiado und zurück von der Nissimos-Hochfläche zum Lassithi-Plateau Beton- und Asphaltstraßen
Tzermiado bietet mehrere Cafés und Tavernen.
keine Bänke entlang der Strecke, aber schöne Sitzgelegenheit auf Stein am Gipfel des Karfi (km 4,3)
zwei Supermärkte in Tzermiado
Schöne Tour für Kinder, die nicht zu lang und schwierig ist. Oben am Gipfel haben Sie einen spektakulären Ausblick.
Vierbeiner können gut mit, finden unterwegs aber kein Wasser. Bei der Hochfläche von Nissimos sollten Hunde wegen der oft vielen Schafe angeleint sein.
freies Parken auf dem zentralen (ausgeschilderten) Parkplatz von Tzermiado, alternativ an der Straße beim Rathaus
keine Busverbindung

Das Rathaus im Rücken mit dessen griechischer Flagge sowie der kleinen Windmühle wandern Sie in die Einbahnstraße Richtung Post. Nach 80 m biegen Sie links in die gepflasterte Straße mit der Taverne Kronio an der rechten Straßenecke ab.

✕ Café/Taverne Kronio in der Dorfmitte von Tzermiado, ☏ 28 44 02 23 75, ganzjährig täglich 9:00-23:00

Nach 70 m zweigen Sie bei der Hauptkirche (Dreifaltigkeit) nach links in eine Straße ab, die Sie aus dem Dorf hinausführt. Nach 550 m ignorieren Sie eine rechte Abzweigung mit Wegweisern nach Karfi und Timios Stavros – von dort werden Sie später zurückkommen. Sie folgen der Hauptstraße vorbei am Gesundheitszentrum (km 0,9). Nach 400 m (ca. 5 Minuten) biegen Sie in einer Linkskurve der Straße rechts in die Schotterstraße ab und folgen ihr vorbei an Feldern bis zum Ende. Nach weiteren 400 m (ca. 5 Minuten) beginnt bei einem Zaun ❶ (km 1,6) ein gut erhaltener Steinpfad (*kalderimi*).

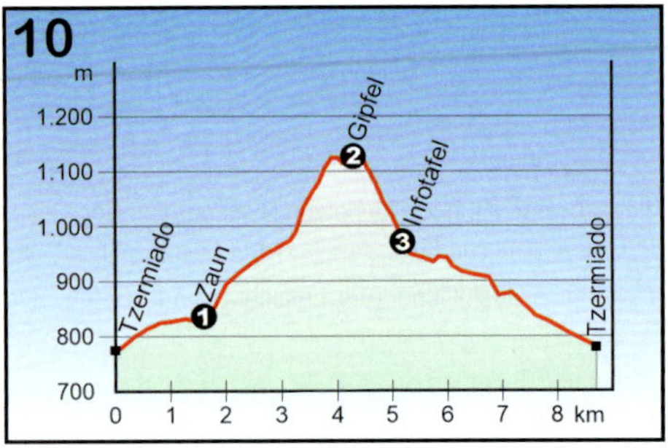

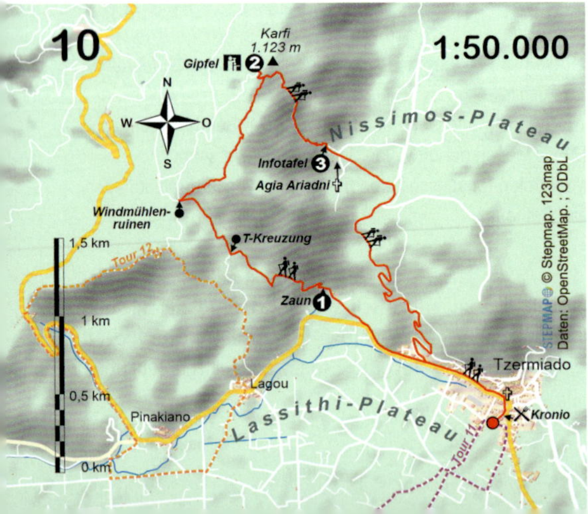

Dieser Pfad führt stellenweise durch Kermeseichenwald und bietet zunehmend bessere Ausblicke über das Lassithi-Plateau (☞ Tour 11). Unterwegs passieren Sie einen weiteren Zaun und gehen 1 km nach dem Start des Steinpfades bei einer T-Kreuzung rechts aufwärts – der Weg links führt zum Dorf Lagou.

Nach 600 m erreichen Sie eine weitere T-Kreuzung mit einer Schotterstraße und Ruinen alter Windmühlen an beiden Seiten sowie einem weiten Blick nach vorne (km 3,1). 10 m vor dieser T-Kreuzung folgen Sie den roten Punkten und dem Schriftzug „Karfi“ auf einem Stein scharf nach rechts. Mit jedem Schritt aufwärts bietet dieser schmale Pfad bessere Blicke. Der mit roten Punkten markierte Pfad führt zu einem kleinen Plateau mit einigen Terrassen, wo ein kleines Gatter geöffnet (und wieder geschlossen) werden muss. Nach weiterem Anstieg taucht der charakteristisch konisch geformte Gipfel des Karfi (wörtlich „Nagel") vor Ihnen auf. Mit abnehmender Entfernung sind zwei Gipfel nebeneinander erkennbar: Diese Tour führt auf den rechten! In einem flacheren Abschnitt halten Sie sich bei einer T-Kreuzung mit einem E4-Pfahl links. Diese Fläche, die Sie später wieder passieren werden, ist Teil einer alten minoischen Siedlung, was aber kaum erkennbar ist. 10 m nach der T-Kreuzung biegen Sie nach rechts ab und wandern hinauf zum Gipfel ❷ (km 4,3, ⇧ 1.123 m) mit einem Betonpfahl, der früher der Höhenmessung diente.

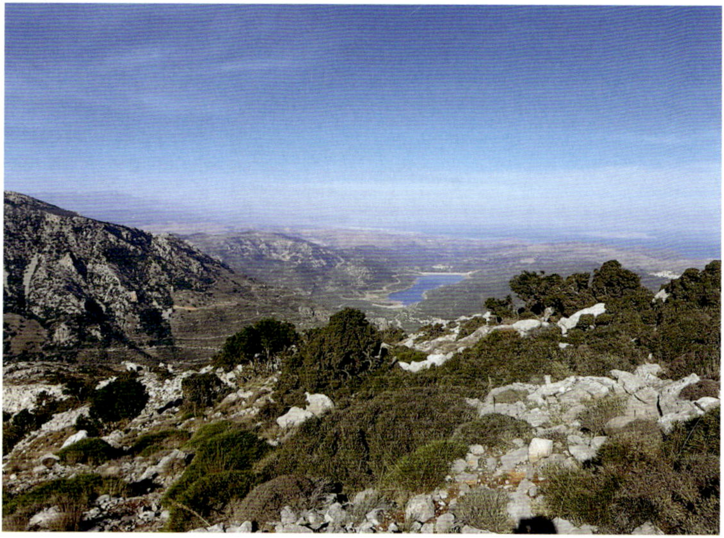

Blick zum Stausee

Vom Gipfel bietet sich ein toller Panoramablick: Unten liegt das Dorf Kera, im Westen ein Stausee, in einiger Entfernung Heraklion und der Kamm des Berges Ida, im Osten der Berg Selena und im Süden das Lassithi-Plateau und das Dikti-Gebirge. Zwischen den beiden Gipfeln des Karfi sind die Ruinen der alten minoischen Siedlung erkennbar.

Der andere Gipfel kann auch bestiegen werden, aber nur mit einiger Kletterei!

Minoische Siedlung Karfi

Die spätminoische Siedlung Karfi entstand um 1100 v. Chr., als die minoische Bevölkerung von den Dorern nach deren Eroberung Kretas vertrieben wurde. An der Ostseite des Gipfels stand schon vorher ein Tempel. Die schätzungsweise rund 3.500 Einwohnerinnen und Einwohner zählende Höhensiedlung erstreckte sich über den gesamten ebenen Bereich mit einer Fläche von rund 450 x 250 m. Der ursprüngliche minoische Name ist unbekannt, bis heute ist die griechische Bezeichnung „Karfi" gängig (wörtlich „Nagel") – genauso wie für den Berg. Einer der bedeutendsten Funde ist die Statue einer Göttin mit im Gebet oder beim Segnen erhobenen Händen.

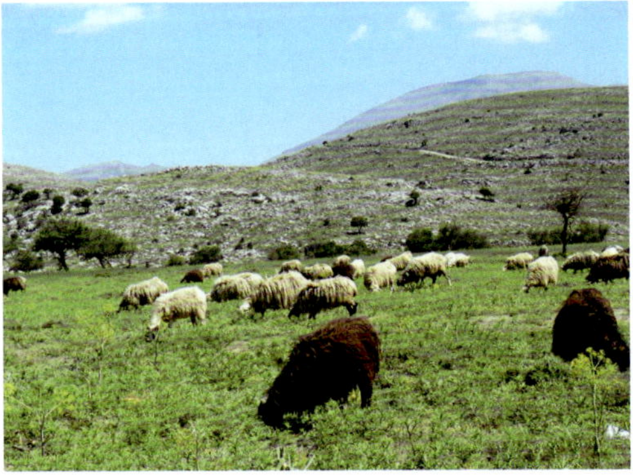

Schafe auf dem Nissimos-Plateau

Sie gehen abwärts und beim E4-Pfahl geradeaus auf dem deutlichen Pfad, der mit E4-Pfählen und roten Punkten markiert ist und nach 900 m hinab zum Nissimos-Plateau mit einer Infotafel über Karfi führt ❸ (km 5,2). Weiter geht es geradeaus auf der Schotterstraße mit der kleinen ✝ Kapelle Agia Ariadni auf der rechten Seite. Nach 500 m halten Sie sich bei einer T-Kreuzung rechts und nach 170 m bei der betonierten Straße wieder rechts. Diese führt Sie den ganzen Weg zurück mit schönen Blicken über das Lassithi-Plateau, eine linke Abzweigung ignorieren Sie. Nach 2 km (ca. 30 Minuten) passieren Sie die Rückseite des Gesundheitszentrums und erreichen wieder die Hauptstraße, der Sie links zurück in das Dorf zur Dreifaltigkeitskirche folgen. Dort gehen Sie rechts, ebenso wie kurz darauf bei der Taverne Kronio und erreichen den Startpunkt.

⑪ Auf dem Lassithi-Plateau zum Geburtsort von Zeus

Tour für Landschafts- und Kulturbegeisterte

Das größte Plateau Kretas wird bestimmt von fruchtbaren Feldern und Dutzenden verfallener und verrosteter Windmühlen, die an die Vergangenheit erinnern, als hier mehr als 10.000 Mühlen Grundwasser zur Bewässerung der Felder heraufpumpten. Sie wandern entspannt über kleine Straßen mit schönen Blicken auf die Berge in der Umgebung. Auf halber Strecke bietet sich im Dorf Psychro die Gelegenheit zum Besuch der beeindruckenden und berühmten Höhle Dikteon Andron Cave, des vermeintlichen Geburtsorts von Göttervater Zeus.

Start/Ziel: Rathaus von Tzermiado, GPS N 35°11.862' E 025°29.265'. Alternativ kann die Tour auch in Psychro bei der Höhle begonnen werden, wo ein (gebührenpflichtiger) Parkplatz ist, GPS N 35°09.896' E 025°26.871'.

13,7 km (bzw. 16,1 km mit dem Besuch der Höhle)

4 Std. (bzw. 4 Std. 30 Min. mit dem Besuch der Höhle)

120 m/120 m

808-870 m

keine Markierungen außer einigen Straßenschildern und blauen Pfeilen für Radroute

Schotterstraßen und verkehrsarme, kleine Asphaltstraßen sowie kurzer Pfad zum Parkplatz der Höhle

in Tzermiado einige Cafés und Tavernen, in Psychro viele Cafés und Tavernen bei der Höhle (Abstecher); Brunnen mit Trinkwasser in Psychro nach halber Strecke

zwei Supermärkte im Zentrum von Tzermiado

keine Bänke entlang der Tour

Die Wanderung ist für Kinder machbar, bietet aber wegen der langen Abschnitte entlang Straßen wenig Abwechslung. Auch gibt es keinen Schatten. Ein Höhepunkt für Kinder ist die Zeus-Höhle.

für Vierbeiner machbar, aber wegen der vielen Schafe und des Mangels an Schatten nicht ideal

P freies Parken in Tzermiado auf dem zentralen Parkplatz (ausgeschildert), alternativ entlang der Straße beim Rathaus; bei Start in Psychro (gebührenpflichtiger) Parkplatz bei der Höhle

keine Busverbindung

↳ 100 m nördlich des Weges liegt eine nette Einkehrgelegenheit.

✕ Café/Taverne Kronio in der Dorfmitte von Tzermiado, ☏ 28 44 02 23 75, ganzjährig täglich 9:00-23:00

Lassithi-Plateau

Das 800 m hoch gelegene Lassithi-Plateau gilt mit einer Fläche von 25 km² als größte Hochfläche Kretas. Die Bedingungen für die Landwirtschaft sind durch den sehr fruchtbaren Boden und genügend Wasser durch die Schneeschmelze des Dikti-Gebirges, als natürliche Schutzbarriere um die Hochfläche, ausgesprochen günstig. Eine Besiedlung ist nachweisbar bis zur Jungsteinzeit (6.000 v. Chr.), gefolgt von minoischen und dorischen Besiedlungen. Das seinerzeit schwer zugängliche Plateau bildete ein beliebtes Versteck für Freiheitskämpfer während der venezianischen und türkischen Besetzungen. Das Lassithi-Plateau wird oft wegen der (einst) 10.000 Windmühlen gerühmt, die mit ihren weißen Stoffsegeln vor dem Hintergrund des Diki-Gebirges einen malerischen Anblick boten. Die Mühlen wurden ab dem Ende des 19. Jh. zum Heraufpumpen des Grundwassers und damit der Bewässerung der Felder gebaut. In den 1950ern gab es rund 4.000 solcher Pumpen, heute sind die meisten Windmühlen mit ihren einfachen Pumpen und Stahltürmen verfallen bzw. verrostet. An ihre Stelle sind moderne Pumpen mit Diesel- und Elektroantrieb getreten. Trotz der zunehmenden Bedeutung des Tourismus sind auch heute noch Gemüsefelder und Obstbäume auf dem Plateau, einer der fruchtbarsten Gegenden des Landes, allgegenwärtig.

In Folge der isolierten Lage wurden Populationsgenetikerinnen und -genetiker auf die Region aufmerksam: 2007 ergab eine Studie, dass sich das Y-DNA der Bewohnerinnen und Bewohner des Lassithi-Plateaus deutlich vom restlichen Kreta unterscheidet, was darauf hindeuten könnte, dass das Plateau als Rückzugsort des minoischen Volkes diente, dessen Erbgut von der heutigen Bevölkerung weitergetragen wird.

Vom Rathaus mit der griechischen Flagge und der kleinen Windmühle auf der rechten Seite wandern Sie in östliche Richtung und passieren einen kleinen Spielplatz. Nach 100 m biegen Sie bei einer T-Kreuzung rechts in die Straße Richtung Agios Nikolaos und halten sich nach 50 m bei einer Gabelung kurz vor einer Tankstelle und Einkehrgelegenheit rechts.

✕ Taverne Kourites an der Hauptstraße 200 m hinter der Rechtsabzweigung, ☏ 28 44 02 20 54, ganzjährig täglich 9:00-23:00

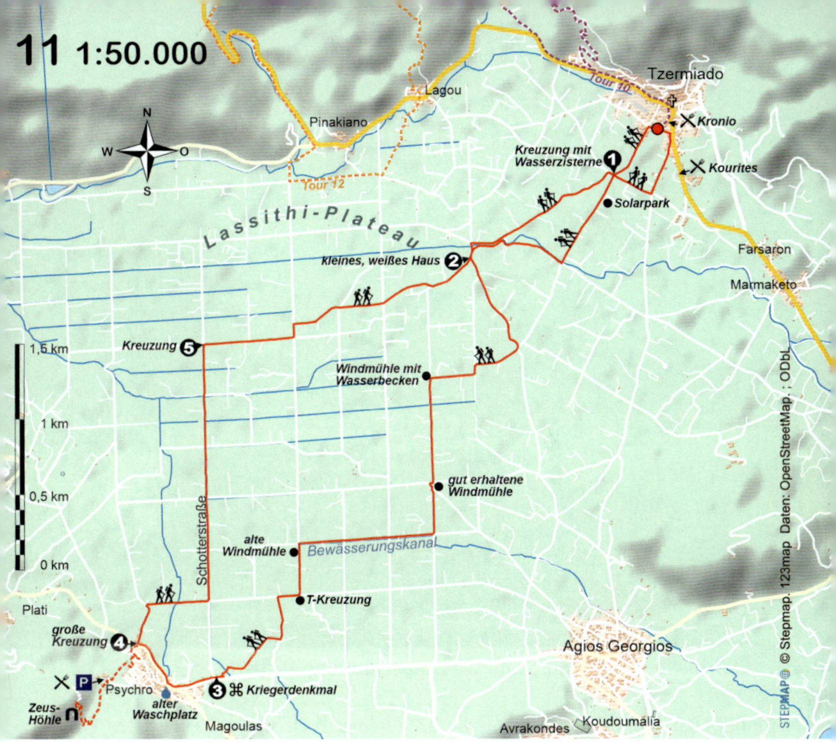

Die kleine Straße führt heraus aus Tzermiado. Nach 400 m gehen Sie bei einer Kreuzung rechts und erreichen nach 300 m eine Kreuzung mit Wasserzisterne in der Mitte ❶ (km 0,8), an der Sie auf dem Rückweg wieder vorbeikommen werden. Jetzt biegen Sie links in die Straße ab, vorbei an einem Solarpark. Nach 650 m (ca. 10 Minuten) queren Sie ein trockenes Flussbett über eine kleine Brücke, nach der Sie rechts in eine Schotterstraße abbiegen. Rechts erkennen Sie Tzermiado und im Hintergrund den Berg Selena. Nach 700 m (ca. 10 Minuten) erreichen Sie eine Asphaltstraße mit dem Wegweiser Agios Georgios und folgen ihr für 50 m links, um bei einem kleinen, weißen Haus auf der rechten Seite ❷ (km 2,2) links die Schotterstraße zu nehmen (Richtung Agios Georgios).

Sie ignorieren eine linke Abzweigung und wandern geradeaus mit schönen Blicken auf den Berg Dikti (2.041 m). Nach 750 m (ca. 10 Minuten) biegen Sie bei einer Kreuzung rechts in die Schotterstraße ab und erkennen in der Ferne das Dorf Psychro – ihr Zwischenziel. In einer Linkskurve ignorieren Sie eine rechte

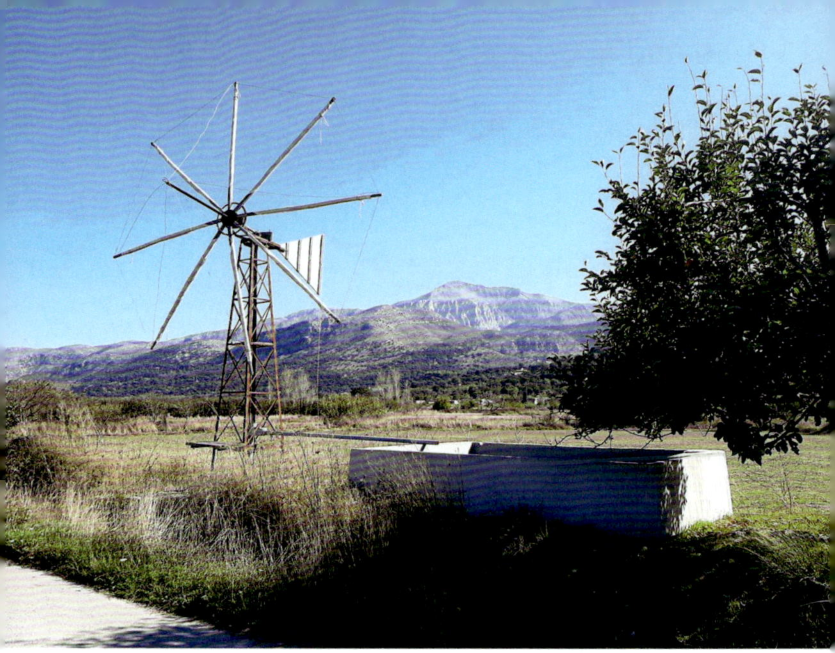

Alte, rostige Windmühle und Wasserbecken

Abzweigung und folgen der Straße bis zu einer Kreuzung mit einer alten Windmühle mit einem blauen Pfeil auf dem Betonwasserbecken (km 3,6), der Markierung für eine Radroute. Sie halten sich links und biegen nach 10 Minuten bei einer T-Kreuzung nach rechts ab, gleich darauf nach 20 m nach links auf die Asphaltstraße und nach 30 m bei einer gut erhaltenen Windmühle zur Linken (km 4,4) rechts in die Schotterstraße.

Von der nächsten Kreuzung trennen Sie 300 m, dort biegen Sie nach rechts ab und folgen dem Weg rechts neben einem Bewässerungskanal. Bei zwei Kreuzungen mit Asphaltstraßen gehen Sie geradeaus, bei der dritten Kreuzung mit einer Schotterstraße biegen Sie nach links ab und sehen bei einer alten Windmühle einen weiteren blauen Pfeil.

Nach 300 m (ca. 5 Minuten) halten Sie sich bei einer T-Kreuzung rechts (blauer Pfeil), nach 150 m links (blauer Pfeil) und nach 300 m rechts. Diese kleine Schotterstraße führt Sie in mehreren Kurven zur Hauptstraße, der Sie rechts in das Dorf Psychro folgen, wo sich ein Kriegsdenkmal befindet ❸ (km 7). Sie gehen im Dorf weiter geradeaus zu einer gepflasterten Straße und auf dieser leicht rechts bzw. geradeaus zu großen Platanen, wo links beim alten Waschplatz 💧 Trinkwasser gezapft werden kann (km 7,3). Sie folgen der Hauptstraße hinaus aus dem Dorf und erreichen nach 300 m (ca. 5 Minuten) eine große Kreuzung ❹ (km 7,7), die den Wendepunkt dieser Tour markiert – mit der Möglichkeit eines Abstechers zur Diktäischen Grotte, auch als „Zeus-Höhle" bekannt.

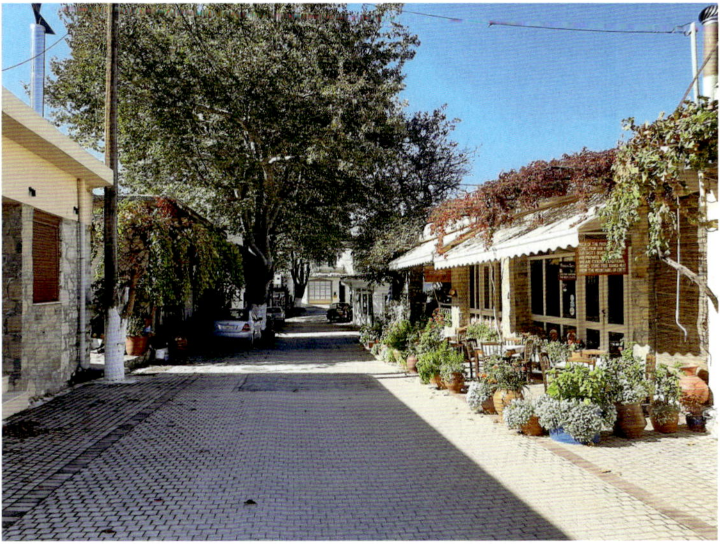

Straße im Dorf Psychro

Abstecher zur Zeus-Höhle (2 x 1,2 km, ⌛ 2 x 25 Min., ↑ ↓ 200 m) und vorher Einkehrgelegenheiten am Parkplatz

Für einen Besuch der Höhle biegen Sie bei der Kreuzung nach links und folgen dem steinigen Pfad neben der Straße. Nach 30 m queren Sie die Straße und nehmen zum Abschneiden des kurvigen Straßenverlaufs die Stufen aufwärts. Nach den Stufen geht es rechts entlang der Straße weiter aufwärts und nach 80 m rechts in einen steinigen Weg, der scheinbar auf ein Haus zuführt, aber sich direkt davor nach links wendet. Dieser Weg führt weiter aufwärts zum Parkplatz der Zeus-Höhle mit vielen ✗ Cafés und Restaurants.

Zum Eingang der Höhle folgen Sie dem ausgewiesenen gepflasterten Weg und erreichen nach 800 m und einem Anstieg von 100 Hm das Kassenhäuschen, wo in den Sommermonaten häufig Menschenschlangen sind – viele Bustouranbieter zum Lassithi-Plateau inkludieren einen Höhlenbesuch in ihrem Programm!

Zeus-Höhle

Die Zeus-Höhle oder auch Diktäische Grotte ist eine der bekanntesten der rund 3.000 Höhlen auf Kreta. In dieser Tropfsteinhöhle mit ihren Stalagmiten und Stalaktiten soll der Legende nach Göttervater Zeus das Licht der Welt erblickt haben. Daher war die Höhle bereits in der Antike bekannt und dem Göttervater gewidmet, wie die vielen Gaben von Gläubigen zum Anbeten von Zeus beweisen. Die Bedeutung der Höhle für den Götterkult wurde zufällig 1883 entdeckt, gefolgt von systematischen Ausgrabungen ab 1899, die einen Altar, Gaben von Gläubigen in Felsspalten und andere rituelle Gegenstände zutage förderten.

Diktäische Höhle von Psychro, ☏ 28 41 02 24 62, April-November täglich 8:00-18:00, Eintritt € 6

Zurück zur großen Kreuzung ❹ geht es auf demselben Weg.

Für den Rückweg nach Tzermiado halten Sie sich bei der großen Kreuzung rechts oder gehen von der Höhle kommend geradeaus entlang der schmalen Asphaltstraße. Nach 300 m biegen Sie rechts in eine andere Asphaltstraße ab und nach 400 m bei einer Kreuzung links in eine Schotterstraße. Eine Stromleitung begleitet Sie auf diesem Weg in nördliche Richtung, wo Sie auf den nächsten 1,7 km (ca. 20 Minuten) alle Abzweigungen ignorieren. Bei einer Kreuzung ❺ (km 10,9) biegen Sie rechts in eine Schotterstraße ab, wo nach wenigen Metern ein kleines Gebäude zur Linken und wieder eine Stromleitung sind.

Nach 600 m gehen Sie bei einer Kreuzung links, nach 100 m nach rechts und bei einer Kreuzung geradeaus entlang einer Asphaltstraße, der Sie etwa 1 km folgen. Bei einem kleinen. weißen Gebäude ❷ ignorieren Sie die vom Hinweg bekannte rechte Abzweigung. Nach der Brücke über das Flussbett biegen Sie nach rechts und folgen der Straße links des Flussbettes für 1,1 km zu einer T-Kreuzung, wo Sie sich rechts halten und nach 30 m die bekannte Wasserzisterne ❶ erreichen. Hier gehen Sie links zurück in das Dorf Tzermiado. Bei einer Kreuzung biegen Sie nach rechts zum Rathaus ab.

12 Rundwanderung bei den Windmühlen von Ambelos

Tour für Landschafts- und Kulturbegeisterte

Diese Wanderung bietet tolle Blicke über die Hügel und Dörfer Richtung Ägäisches Meer einerseits und zum Lassithi-Plateau andererseits. Sie passieren die alten steinernen Windmühlen von Ambelos, Reste der antiken Siedlung Papoura. Ein kalderimi führt hinunter zum Plateau. Diese Tour mit ihren vielen Höhepunkten lässt sich wegen der kurzen Strecke prima mit einer anderen Tour auf dem Lassithi-Plateau kombinieren (Touren 10, 11).

- Start/Ziel: Parkplatz des Restaurants Seli Ambelou und der Windmühlen von Ambelos, GPS N 35°12.233' E 025°27.312'
- 5,9 km
- 2 Std. 30 Min.
- 200 m/200 m
- 810-1.007 m
- wenige Wegweiser auf Holz- und Metall
- Ein schmaler Pfad führt an den Windmühlen vorbei aufwärts, ein steiniger Pfad (*kalderimi*) hinunter zum Dorf Lagou. Auf dem Plateau wandern Sie über eine Schotterstraße und kurzzeitig Asphaltstraße zurück zum Startpunkt.
- Taverne Seli Ambelou am Start/Ziel der Tour
- Keine Bänke entlang der Tour, aber es gibt einen netten schattigen Platz bei Papoura (km 0,9) oder am Steinpfad (km 2,5).
- kindergeeignete, nicht zu lange Tour
- Die Tour ist gut mit Hunden machbar, aber es gibt unterwegs kein Wasser.
- großer gebührenfreier Parkplatz am Startpunkt beim Restaurant Seli Ambelou
- keine Busverbindung

Windmühlen von Ambelos

Am nördlichen Eingang zum Lassithi-Plateau bieten die Windmühlen von Ambelos, die früher Getreide mahlten, einen beachtenswerten Anblick. Von einstmals 27 Windmühlen aus venezianischer Zeit sind heute 24 erhalten, von denen 7 südlich der Straße liegen, die zum Plateau führt, die anderen nördlich davon. Die Windmühlen wurden am Ende des 19. Jh. von Zaronas beim Dorf Potamoi zur jetzigen Stelle überführt. Typisch ist das rechteckige Fundament mit einer halbrunden Mauer, an der das Windrad befestigt war. Diese für Kreta und die Insel Karpathos typischen Mühlen sind immer fest zur Hauptwindrichtung ausgerichtet, hier Nordwest.

Vom Parkplatz beim Restaurant steuern Sie die Windmühlen und die Infotafel über die Mühlen an.

Restaurant Seli Ambelou, Lassithi Plateau Lagou, ☏ 28 44 02 25 95, www.seli-ambelou.gr, April bis November täglich 9:00-18:30

Hier beginnt der steinige Pfad aufwärts vorbei an der Rückseite der Windmühlen, die es sich von Näherem zu betrachten lohnt. Unterwegs passieren Sie bald Funkantennen und folgen nach der letzten Windmühle dem Pfad entlang des Zauns und des Kamms mit atemberaubenden Blicken. Nach rund 20 Minuten erreichen Sie eine zweite Antennenanlage auf dem Gipfel ❶ (km 0,7, ⇧ 1.006 m). Hinter diesen Antennen folgen Sie dem breiteren Weg mit Gras leicht abwärts und erreichen nach 200 m das antike Papoura (km 0,9).

Alter Pfad Richtung Lagou

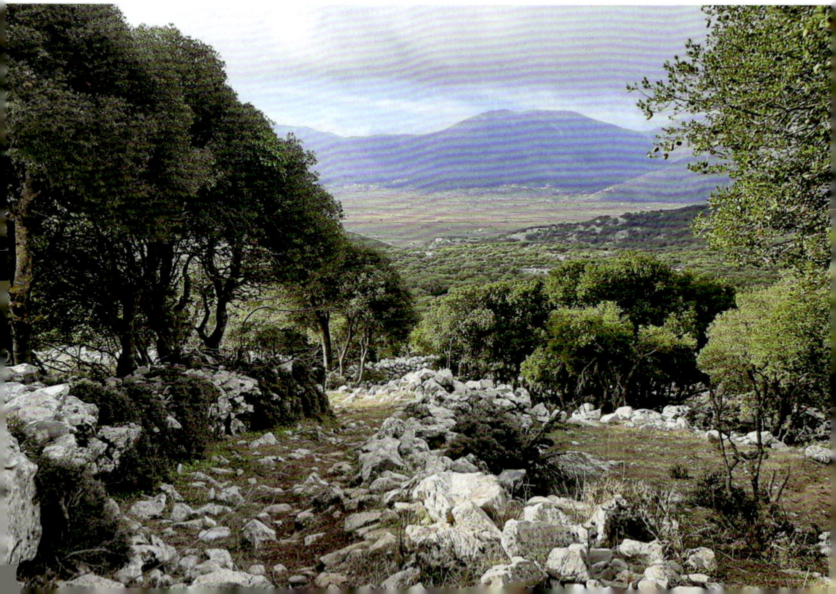

Papoura

Die sichtbaren Steinhaufen und Terrassen sind Reste der großen antiken Stadt Papoura, auch genannt „Agios Georgios Papoura". Menschen aus der antiken Stadt Karfi (☞ Tour 10) begannen im 2. Jahrtausend v. Chr., diese Fläche zu besiedeln, wo sie näher an der fruchtbaren Lassithi-Hochfläche lebten und die Höhle von Psychro bzw. Dikteon (☞ Tour 11) zum Beten genutzt haben.

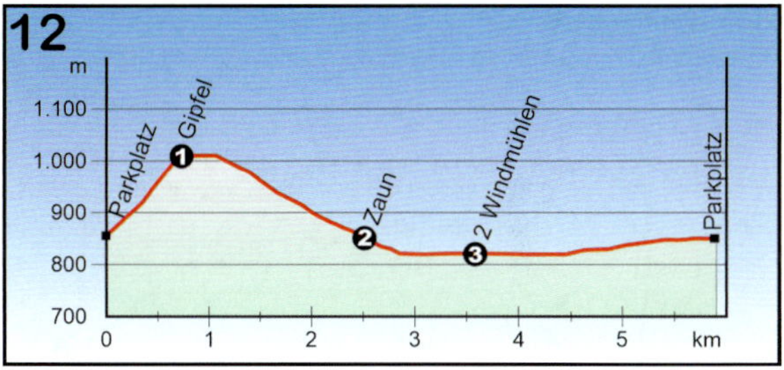

Rechts unten ist das Dorf Tzermiado zu erkennen. Sie folgen dem Weg über die antike Anlage und gehen nach 400 m (ca. 10 Minuten) bei dem Wegweiser „Lagou" (und einem geradeaus weisenden Richtung Karfi) nach rechts (km 1,3). Dieser alte Steinpfad (*kalderimi*) führt abwärts, stellenweise zwischen alten Steinmauern und Terrassen sowie durch schöne Landschaften mit Kermeseichen. Nach 1,2 km (etwa 30 Minuten) erreichen Sie nach einem weiteren Wegweiser Richtung „Lagou" einen Zaun ❷ (km 2,5), den Sie zum Weitergehen öffnen (und wieder schließen) müssen, ehe Sie nach 100 m bei einer Betonstraße die ersten Häuser von Lagou erreichen. Hier gehen Sie rechts und nach 10 m scharf links auf eine Betonstraße, die in Serpentinen zwischen den Häusern abwärtsführt. Im Dorf sind in umgekehrter Richtung Wegweiser Richtung Papoura und Karfi erkennbar.

Bei der Hauptstraße (km 2,8) gehen Sie rechts und nach 20 m

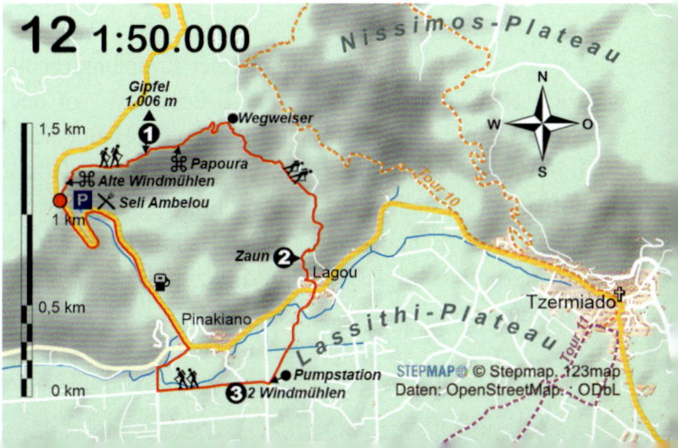

links in eine Betonstraße, die bald asphaltiert ist. Nach 600 m biegen Sie bei der Kreuzung mit einer Pumpstation nach rechts ab – die scharf rechts zurückführende Abzweigung ignorierend. In der Rechtskurve der Straße nach 130 m folgen Sie in Gehrichtung geradeaus der Schotterstraße und passieren nach 50 m zwei gut erhaltene Windmühlen ❸ (km 3,6), die dem Heraufpumpen von Grundwasser dienten (Info ☞ Tour 11).

Zwei Windmühlen

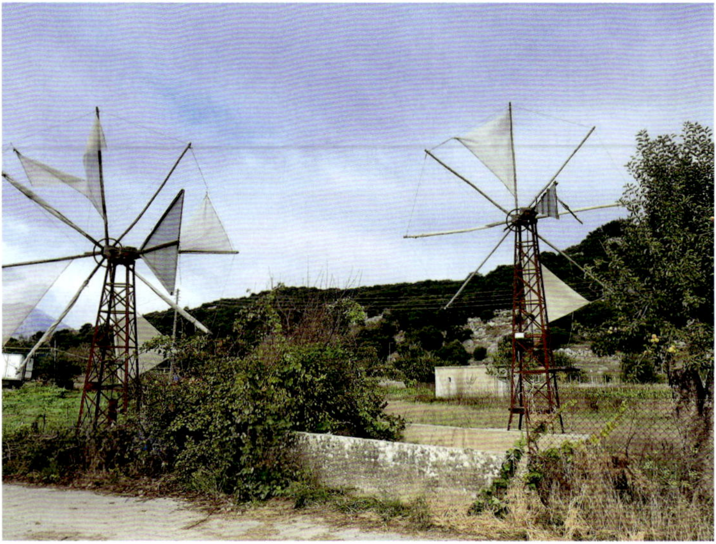

Nach 400 m biegen Sie bei einer Kreuzung rechts auf die Asphaltstraße und nach 100 m direkt hinter einer Brücke bzw. vor der Hauptstraße rechts in die Schotterstraße ab, um nach 5 Minuten die Hauptstraße zu erreichen, die Sie queren. Weiter geht es auf der linken Seite der Hauptstraße (Schild Richtung Iraklion) auf eine Tankstelle zu. Der Weg führt parallel zur Straße auf deren linker Seite leicht aufwärts und endet an der Hauptstraße, der Sie auf dem letzten Teil der Wanderung (rund 400 m) aufwärts zum Restaurant Seli Ambelou und den Windmühlen folgen.

⑬ Von Elounda zur Insel Kalydon

Tour für Landschafts- und Badebegeisterte

Diese kurze Wanderung führt Sie vom Touristendorf Elounda zur Insel Kalydon, seit der Zeit der venezianischen Besatzung wegen ihrer länglichen Form auch italienisch „Spinalonga" genannt (wörtlich „langer Dorn"). Eine kleine Brücke verbindet die (Halb-)Insel mit Elounda. Zu den Höhepunkten dieser Tour gehören alte Kapellen und Windmühlen, Salinen aus venezianischer Zeit sowie schöne Blicke nach Elounda und zur unbewohnten Insel Kolokytha, einem Paradies für Vögel und Vegetation. Im Frühjahr überzieht ein bunter Blütenteppich die Insel mit dem dominierenden Stechginster.

- Start/Ziel: Parkplatz am Hafen von Elounda mit Bus- und Taxihalt, GPS N 35°15.727' E 025°43.340'
- 10,3 km
- 3 Std.
- ↑↓ 215 m/215 m
- 3-61 m
- auf der Insel stellenweise rot-weiße Markierungen
- gepflasterter Weg entlang des Boulevards, Schotterweg und steinige Pfade entlang der Küste
- Elounda bietet eine große Auswahl an Einkehrgelegenheiten, die meisten Restaurants sind aber nur in der Sommersaison geöffnet, einige wenige auch ganzjährig. Entlang der Route gibt es sonst nur das Fischrestaurant Kanali an der Brücke und den Windmühlen (über einen Abstecher erreichbar).
- Sitzgelegenheit bei den Kirchen Agios Loukas (km 3,4) und Agios Fokas (km 5,4)
- Supermärkte, Bäckereien und Kiosks in Elounda
- Badegelegenheiten am Hauptstrand von Elounda, dem kleinen Strand der venezianischen Salinen (km 0,9) und dem versteckten Strand von Agios Fokas (km 3,9)
- Die Wanderung ist gut für Kinder geeignet, zumal es keine größeren Steigungen gibt und Sie jederzeit umkehren können. Aber entlang der schattenlosen Strecke kann es im Sommer sehr heiß werden; daher möglichst früh starten! Zum Glück können Sie sich mehrmals im Wasser abkühlen.
- Hunde können mit, finden unterwegs aber kein Trinkwasser. Im Sommer sind hier außerdem viele Menschen unterwegs.
- P freies Parken am Hafen oder an der Brücke bei Olous auf der Insel Kolokytha

recht häufige Busverbindungen von Agios Nikolaos nach Elounda und zurück, Mai bis Ende Oktober etwa 7 x täglich (einfache Fahrt € 2), www.ktelherlas.gr

Taxi Station Elounda, 28 41 04 11 51 oder 28 41 02 40 00 (einfache Fahrt von Agios Nikolaos nach Elounda € 13)

Autofahrer können auch an der Brücke bei Olous auf der Insel Kolokytha parken und sparen damit 3,4 km.

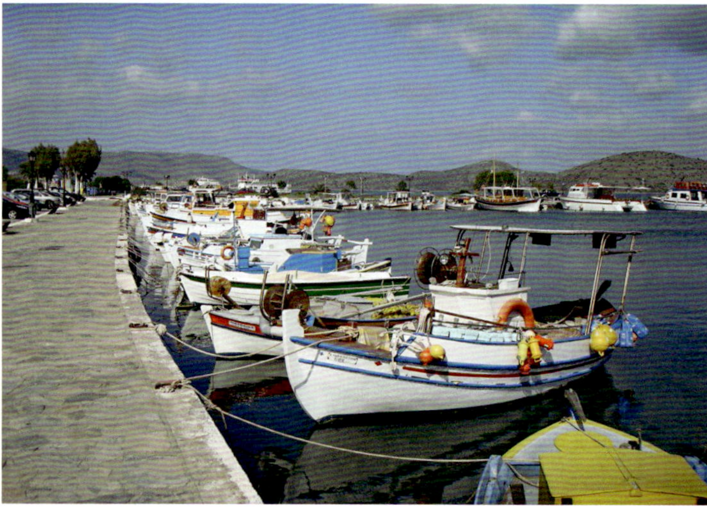

Der Fischerhafen von Elounda

Die Tour beginnt am Parkplatz des Hafens von Elounda mit Bus- und Taxihalt. Vom Hafen mit seinen kleinen Fischerbooten folgen Sie der Uferpromenade in südöstliche Richtung vorbei an zahlreichen Tavernen. Die Promenade geht später in eine Straße über, bis Sie die Salinen aus venezianischer Zeit zur Rechten erreichen (km 0,9).

Links lädt ein kleiner Strand zur Abkühlung ein.

Salinen – das weiße Gold der Venezianer

Salz war in früheren Jahrhunderten ein kostbarer Rohstoff, gebraucht zum Konservieren von Lebensmitteln (Fisch), als es noch keine Kühlschränke gab. Im flachen Uferbereich trennten Steinwällen verschiedene Becken voneinander ab, in denen das Wasser verdunstete. Von den Wällen wurde das Salz gesammelt und auf venezianische Handelsschiffe verladen, um mit diesem weißen Gold zum Wohlstand der Republik Venedig beizutragen.

Sie folgen der Straße vorbei an der Ruine einer alten Windmühle und betreten die Insel Kalydon über die Brücke. Auf der anderen Seite erreichen Sie zwei weitere alte Windmühlen und einen Parkplatz ❶ (km 1,4). Das Gebiet heißt Olous, benannt nach der gleichnamigen versunkenen minoischen Siedlung, mit mehr als 30.000 Einwohnerinnen und Einwohnern einst eine der wichtigsten kretischen Städte, deren Ruinen stellenweise (vor allem unter Wasser) zu sehen sind.

Abstecher zu Kirchen und Einkehrgelegenheit (max. ➲ 0,7 km, ⌛ 10 Min., ↑ ↓ 10 m)

Nach den Windmühlen führt rechts am Ufer ein Weg entlang zu zwei Kirchen (Wegweiser zu Basilika aus dem 5. Jh.) sowie der Fischtaverne Kanali. Nach 80 m erreichen Sie die Fischtaverne, von wo Sie später denselben Weg, den Sie gekommen sind, zurück zu den Windmühlen nehmen.

✕ Taverne Kanali, ☏ 28 41 04 20 75, Sommersaison (Anfang April bis Ende Oktober) 12:00-2:00

Von der Taverne erreichen Sie wie folgt die zwei Kirchen:

1. Nach links führt ein Pfad zu einer frühchristlichen ✝ Basilika aus dem 5. Jh. 40 m hinter der Taverne ist der schöne Mosaikboden der frühchristlichen Kirche zu sehen. Der Mosaikboden ist Teil einer dreischiffigen Basilika aus der ersten byzantinischen Periode. Auffällig sind die

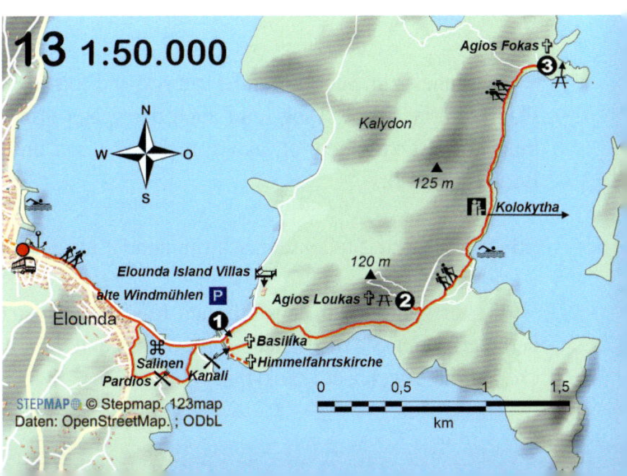

geometrischen Formen und Pflanzenmotive sowie Abbildungen von Fischen und Vögeln.

2. Geradeaus entlang der Küste erreichen Sie 80 m nach der Taverne die ✝ Himmelfahrtskirche. Diese Kirche ist Teil eines ehemaligen Klosters an dieser Stelle. Alljährlich wird hier der Himmelfahrtstag gefeiert.

Von den Windmühlen geht es weiter entlang der Schotterpiste auf die Insel. Bei einer Gabelung halten Sie sich rechts (vor den „Elounda Island Villas") und ignorieren die geradeaus führenden rot-weißen Markierungen. Ein Schild weist zu den Kirchen Agios Loukas und Agios Fokas. Diese Schotterstraße führt Sie nach 1,2 km zu einer Abzweigung von drei Pfaden nach links, wo Sie bereits die griechische Flagge und die der orthodoxen Kirche (schwarzer Doppeladler auf gelbem Grund) erkennen können.

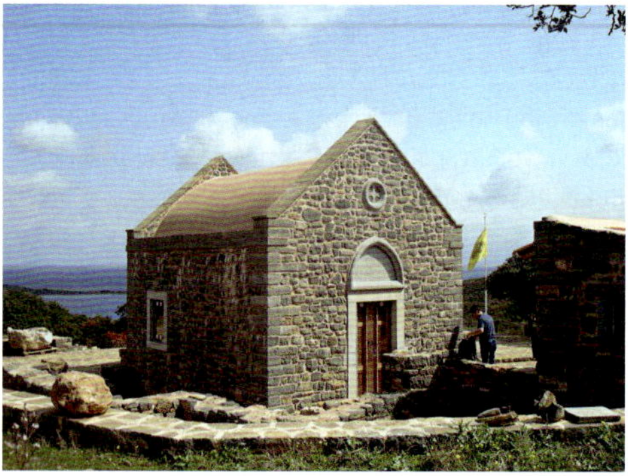

Agios Loukas

Sie folgen dem gepflasterten Fußweg nach links zur Kirche Agios Loukas ❷ (km 3,4).

⛼ netter Rastplatz bei der Kirche mit wenig Schatten

Sie gehen zur Schotterstraße zurück und folgen nun dem mittleren steinigen Pfad abwärts. Dieser Weg (und auch der später abzweigende Pfad zur Rechten) führt abwärts zu einem etwas versteckten Strand und einem kleinen Anleger für Boote (km 3,9).

Die beste Stelle zum Schwimmen ist etwas rechts bei der Mauer.

Weiter geht es auf dem schönen Küstenweg, der bald schmaler wird. In der Ferne erkennen Sie die Kapelle Agios Fokas und unterwegs bieten sich schöne Blicke auf die Vogelinsel Kolokytha.

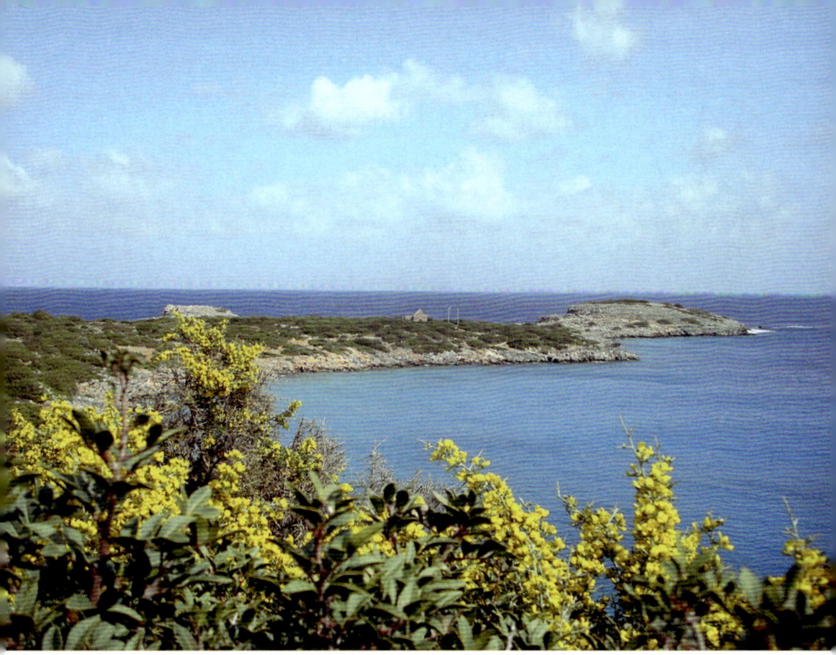

Blick auf Agios Fokas

Nach 1,5 km erreichen Sie die restaurierte byzantinische ✝ Kirche Agios Fokas ❸ (km 5,4).

↳ ⛼ Von der Kapelle führt ein Weg hinunter zum Meer – ein netter Rastplatz, aber ohne Schatten!

Zurück geht es zunächst auf demselben Weg, den Sie gekommen sind. Nach der Brücke hinter den Windmühlen können Sie entweder wie auf dem Hinweg über die Promenade flanieren oder eine Schleife bei der Saline machen: Dafür biegen Sie vor der Saline nach links und folgen dem Weg vorbei an der Taverne Paradisos. Nach der Taverne halten Sie sich links und gehen zur Hauptstraße, der Sie auf dem Bürgersteig 130 m nach rechts folgen, ehe Sie die ersten Abzweigung nach rechts nehmen. Nach 15 m halten Sie sich bei einer Gabelung rechts und folgen dem gepflasterten Fußweg vorbei an der Saline. Bei der Küstenstraße angekommen biegen Sie nach links ab und folgen der Promenade zurück zum Hafen, dem Startpunkt der Wanderung.

14 Von Elounda nach Plaka

Tour für Landschafts- und Badebegeisterte

Vom Dorf Elounda führt ein alter Pfad landeinwärts zum alten Elounda und dem Dorf Pines. Unterwegs bieten sich schöne Blicke über die Buchten von Elounda und Mirabello. Die Tour endet im Küstenort Plaka, bekannt durch die ehemalige Leprainsel Spinalonga. Zurück nach Elounda geht es per Bus, Taxi oder zu Fuß auf demselben Weg.

→ Start: Hauptparkplatz am Hafen von Elounda mit Taxistand und Bushaltestelle, GPS N 35°15.742' E 025°43.280'; Ziel: Boulevard und kleiner Hafen von Plaka, GPS N 35°17.900' E 025°43.685'

6,9 km

2 Std. 30 Min.

↑↓ 240 m/240 m

⇧ 1-223 m

keine Markierungen

alter, steiniger Pfad, Schotterstraßen und kurzzeitig Asphaltstraße

Die meisten der vielen Tavernen und Cafés von Elounda und Plaka sind nur in der Sommersaison geöffnet, aber einige wenige auch ganzjährig. Unterwegs gibt es in Epano Elounda (km 1,2) und Epano Pines (km 2,9) Einkehrgelegenheiten. In Epano Elounda gibt es eine Wasserstelle gegenüber der Taverne (km 1,2) und in Epano Pines an der Hauptstraße (km 2,9).

kleine Steinbank beim Wasserhahn (km 2,9)

Elounda bietet mehrere Lebensmittelgeschäfte, Plaka einen Minimarkt.

Kiesstrand in Plaka

Die nicht allzu lange Wanderung ist gut für Kinder geeignet, die am Schluss mit einem Bad am Strand oder einer Exkursion nach Spinalonga belohnt werden können.

Für Hunde geeignet mit ausreichend Wasser unterwegs, aber nur wenn die Tour hin und zurück gegangen wird, denn Busse und Taxis transportieren keine Vierbeiner!

P gebührenpflichtiger Parkplatz beim Start am Hafen sowie 300 m weiter freies Parken

Busverbindungen von Agios Nikolaos nach Elounda bis zu 5 x täglich (einfach € 2), Mo-Fr 7:00, 9:00, 11:00, 13:00, 15:00; Sa/So 9:00, 11:00, 15:00, zurück von Elounda nach Agios Nikolais Mo-Fr 7:20, 9:20, 11:20, 13:20, 15:20, Sa/So 9:20, 11:20, 15:20. Busse zurück von Plaka nach Elounda (Richtung Agios Nikolaos) fahren seltener: 9:30, 11:30, 15:30, www.ktelherlas.gr.

Taxi Station Elounda, ☏ 28 41 04 11 51 oder 28 41 02 40 00 (einfache Fahrt von Agios Nikolaos nach Elounda € 13, Taxi zurück von Plaka nach Elounda € 8)

☺ Beschrieben ist hier nur die einfache Wanderung von Elounda nach Plaka; der Rückweg wäre dieselbe Strecke.

Vom Parkplatz am Hafen von Elounda mit Taxistand und Bushaltestelle wandern Sie Richtung Glockenturm und Kirche, wo Sie die rechte Abzweigung ignorieren. Stattdessen gehen Sie noch 30 m weiter und biegen dann rechts in eine Seitenstraße ein und beachten dort nach 150 m die rechte Abzweigung wieder nicht, um nach 100 m in einer Linkskurve der Straße nach rechts zu gehen und auf Steintreppen zu einem (freien) Parkplatz hinaufzusteigen. Nach Querung des Parkplatzes folgen Sie der Betonstraße mit einer Trockensteinmauer zur Linken. Nach 170 m queren Sie eine Asphaltstraße und wandern geradeaus weiter auf einem gut erhaltenen Steinpfad *(kalderimi)*, früher die Hauptverbindung zwischen Elounda und Epano Elounda (wörtlich „Ober-Elounda"). Sie passieren Haine mit schönen alten Olivenbäumen, queren die Hauptstraße und folgen weiter der schmalen Asphaltstraße nach Epano Elounda. Nach einer kleinen Brücke führt Sie rechts eine

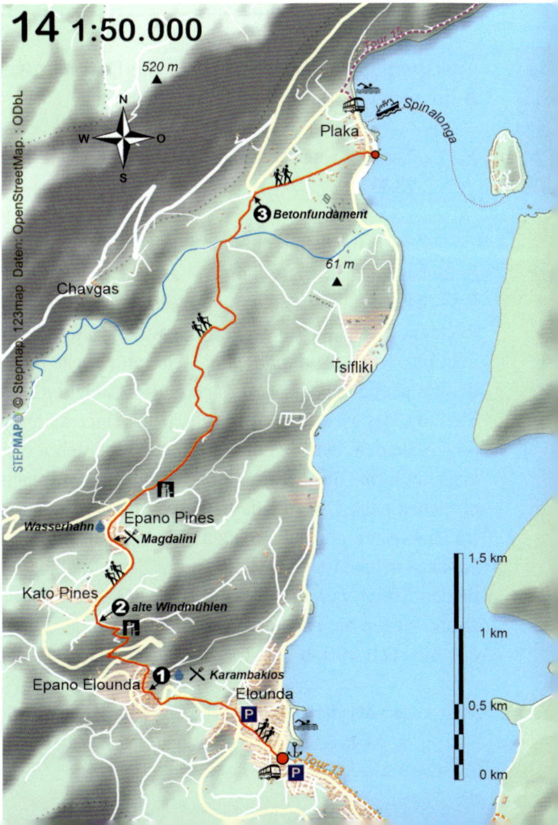

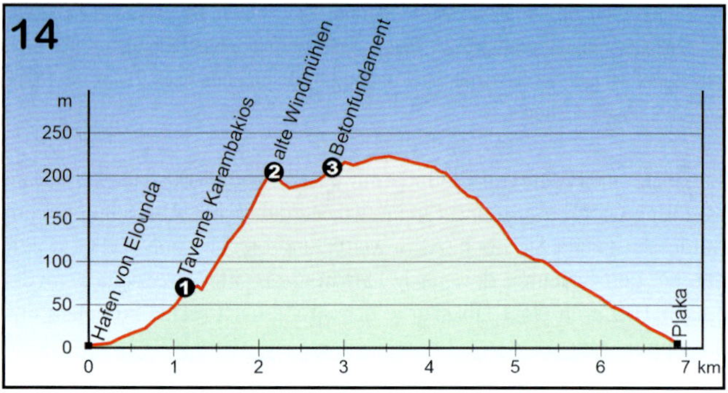

gepflasterte Straße aufwärts in das alte Dorf mit einer Einkehrgelegenheiten mit Brunnen für Trinkwasser ❶ (km 1,2).

Taverne Karambakios, Epano Elounda, 69 72 14 13 06, ganzjährig Mi-So 6:30-23:00

Sie biegen nach rechts und folgen der schmalen Pflasterstraße, bald mit Betonbelag. Die Straße führt Sie aus dem Dorf heraus. Nach 200 m folgen Sie links der steil aufwärtsführenden Betonstraße, vorbei an einer kleinen Kapelle zur Rechten. Nach Querung der Hauptstraße führt Sie die Betonstraße weiter steil aufwärts. Nach 80 m und einer weiteren Kapelle (links unterhalb) nimmt Sie wieder ein alter Steinpfad auf. Nach einiger Steigung bieten sich schöne Blicke über Elounda, das Meer und die Inseln. Nach einer weiteren Querung der Hauptstraße folgen Sie dem Pfad weiter aufwärts und passieren bald eine schöne Steinvilla mit kleinem Turm. Bei der T-Kreuzung mit einer Asphaltstraße gehen Sie links und erreichen nach 150 m eine Reihe von Ruinen alter Windmühlen ❷ (km 2,2), die früher Weizen gemahlen haben. Hier biegen Sie nicht rechts auf die Straße ab, sondern nehmen einige Meter weiter den Steinpfad mit gekalkten Steinwällen auf beiden Seiten, der Sie zu Häusern des Dorfes Kato Pines führt. Bei der Asphaltstraße biegen Sie nach rechts ab und folgen der Straße zum Weiler Epano Pines, ehe Sie nach 500 m eine weitere Einkehrgelegenheit passieren (km 2,9).

Cafe Magdalini Kafenion The Eucalyptus, Epar.Od. Fournis-Elountas, 69 45 53 30 49, ganzjährig täglich 8:30-0:00

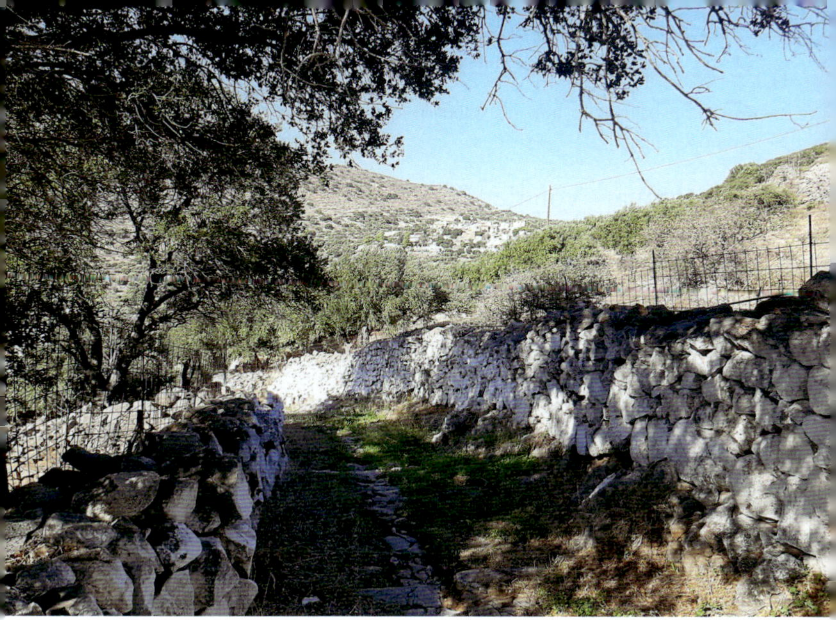

Alter Pfad in Kato Pines

Die Straße führt wenige Meter nach dem Café zu einer kleinen Windmühle und einem 💧 Wasserhahn sowie einer Steinbank zur Linken, ehe Sie das Dorf verlassen. 300 m nach dem Café gehen Sie in einer Linkskurve der Straße rechts bzw. in Gehrichtung geradeaus auf der schmalen Asphaltstraße weiter, die nach 500 m bei einem einzelnen Haus in eine Schotterstraße übergeht – mit schönen Blicken nach rechts (km 3,8).

Kurz nach dem Haus führt die Schotterstraße abwärts und es bietet sich ein erster Blick auf die Insel Spinalonga. Die stellenweise betonierte Schotterstraße führt Sie abwärts. Nach 2,2 km sehen und hören Sie links von der Straße viele Schafe und (angeleinte) Hunde. Kurz darauf erreichen Sie in einer Linkskurve der Straße das Betonfundament eines nicht fertig gebauten Hauses ❸ (km 6). Hier folgen Sie, rechts an dem Fundament vorbei, dem breiten Schotterweg geradeaus und weiter durch eine Rechtskurve. Der Weg ist nach 500 m asphaltiert und 300 m darauf erreichen Sie die Hauptstraße in Plaka mit links dem Taxistand. Zum Boulevard des Dorfes queren die Straße (km 6,9). In der Dorfmitte gibt es zahlreiche Möglichkeiten zur Einkehr sowie zum Buchen einer Exkursion zur vor Ihnen sichtbaren Insel Spinalonga.

Bushaltestelle am Taxistand in der Ortsmitte sowie am Dorfende am Strandparkplatz

Spinalonga – von der Festungs- zur Leprainsel

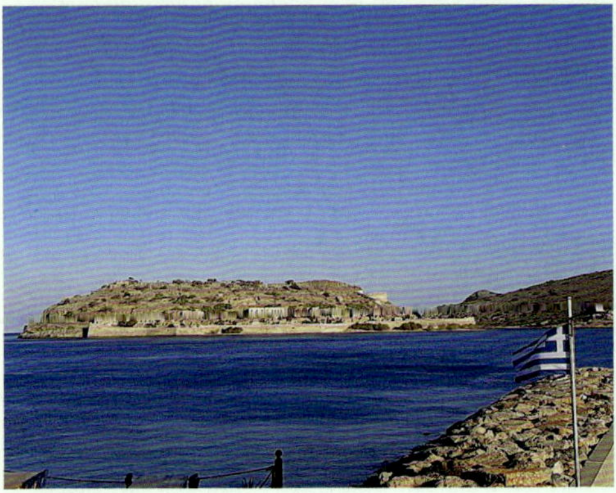

Spinalonga

Spinalonga verdankt den Beinamen „Leprainsel“ oder „Leprakolonie“ der ersten Hälfte des 20. Jh., als hier Leprakranke von Kreta und dem restlichen Griechenland isoliert wurden, was zahlreiche Filme und Serien aufgriffen. Die bekannteste war die BBC-Produktion „Who Pays the Ferryman“ von 1977. Spinalonga war in historischer Zeit nicht immer eine Insel: 1526 sollen Venezianer einen Teil der damaligen Halbinsel Elounda zerstört haben, um eine Festungsinsel zu schaffen, die den antiken Hafen Olous schützen sollte. Die alte minoische Stadt Olous war lange Zeit unbewohnt, bis Mitte des 15. Jh. die Salzsiederei aufkam und sich der Ort zu einem Handels- und Hafenzentrum für Salz entwickelte. Das damalige weiße Gold stand auch bei Piraten und Türken in hohem Ansehen und so entstand zum Schutz von Olous eine der mächtigsten Festungen im Mittelmeerraum. Die Venezianer hielten Spinalonga bis 1715, nachdem das restliche Kreta bereits rund 50 Jahre in osmanischer Hand war (seit 1669). Nach dem Abzug der Türken von Spinalonga diente die Insel Griechenland bis 1957 als Leprakolonie. Heute ist Spinalonga ein viel besuchtes Touristenziel, das mit Booten von Agios Nikolaos, Elounda und Plaka aus erreicht wird – nach Knossos das beliebteste Ausflugsziel Kretas.

Bootstour nach Spinalonga, Sommersaison täglich 9:00-19:00, sonst Wochenende 9:30-19:00, Eintritt zur Insel € 8 p. P. (Kinder unter 19 Jahren frei) zzgl. € 8 für die Bootsfahrt (hin und zurück). Es gibt mehrere Anbieter, z. B. Plaka Boat, Agios Nikolaos, 69 77 44 62 29, www.plakaboat.gr.

⑮ Zu der Kapelle Agios Ioannis und dem Leuchtturm

Tour für Landschafts- und Badebegeisterte

Diese Wanderung mit atemberaubenden Blicken nach Spinalonga führt anfangs zur kleinen Kapelle Agios Ioannis, wo viele Windräder Strom erzeugen. Zum verlassenen Leuchtturm folgen Sie der wilden Küstenlinie, wo das Meer in verschiedenen Blautönen schimmert. Wind ist ein häufiger Begleiter bei dieser Wanderung, vor allem beim Leuchtturm!

- Start/Ziel: sandiger Parkplatz und Strand am Ende von Plaka, GPS N 35°18.097' E 025°43.602'
- 16,3 km
- 5 Std.
- 580 m/580 m
- 1-253 m
- zwischen der Kapelle Agios Ioannis und dem Leuchtturm rot-schwarze Markierungen und Zeichen
- Schotterstraßen von Plaka zur Kapelle Agios Ioannis, von der Kapelle zum Leuchtturm ein schmaler Pfad. Ein kleiner Teil ist ausgesetzt, kann aber umgangen werden.
- viele Restaurants und Cafés in Plaka
- Bank bei der Kapelle Agios Ioannis (km 5,9)
- Minimarkt in Plaka entlang der Hauptstraße
- Kiesstrand in Plaka am Anfang/Ende der Wanderung
- Diese schattenlose und eindrucksvolle, aber weniger abwechslungsreiche Tour ist nicht ideal für Kinder, zumal ein längeres Stück entlang einer Schotterstraße führt – wenn, dann für ältere Kinder.
- möglich mit Hunden, aber wegen Schatten- und Wassermangels nicht ideal
- freies Parken am Parkplatz beim Startpunkt am Strand
- Bus von Agios Nikolaos nach Plaka 9:00, 11:00, 15:00; von Elounda nach Plaka um 9:15, 11:15, 15:15; zurück von Plaka nach Elounda/Agios Nikolaos 9:30, 11:30, 15:30 (einfache Fahrt € 3), www.ktelherlas.gr
- Taxi Station Elounda, ☏ 28 41 04 11 51 oder 28 41 02 40 00 (einfache Fahrt nach Plaka von Agios Nikolaos € 18, von Elounda € 8)

Vom Parkplatz und der Bushaltestelle am Strand von Plaka folgen Sie der Hauptstraße in nordwestliche Richtung heraus aus dem Dorf. Nach 70 m biegen Sie in der Kurve beim kleinen Gebäude einer Wasserpumpstation nach rechts ab (Wegweiser „Plaka Beach Cottages") und folgen der Schotterstraße, die bei Luxusvillen gepflastert ist. Bei einer Gabelung nach 80 m bleiben Sie rechts auf dem Hauptweg. Diese Straße führt leicht aufwärts und bietet bald schöne Blicke zur Insel Spinalonga (☞ Tour 14). Nach 1,5 km folgen Sie bei einer Gabelung dem Hauptweg links weiter aufwärts. Die Straße führt an einer kleinen Höhle vorbei ❶ (km 3,4). Nach weiterem Anstieg erkennen Sie links die ersten Windräder. Bei einer T-Kreuzung beim Windpark gehen Sie rechts vorbei an den Windrädern und erreichen die schon länger sichtbare, kleine, weiße ✝ Kapelle Agios Ioannis ❷ (km 5,9), wo eine ⛩ Bank zur Pause einlädt. Weiter zum Leuchtturm folgen Sie dem Pfad hinter der Kapelle mit dem Wegweiser „Aforesmenos Trail", zunächst an einem alten Steingebäude vorbei und weiter zum letzten Windrad. Dieser mit rot-schwarzen Quadraten gut markierte Pfad führt abwärts. Hinter dem unten sichtbaren einsamen Felshügel liegt der Leuchtturm versteckt. Bei einer Schotterstraße halten Sie sich links und nach 10 m wieder links (Zeichen). Der Pfad führt wieder abwärts zur Schotterstraße (km 7) – diesen Punkt werden Sie später wieder passieren. Sie folgen der Straße wieder nach links und biegen nach 50 m in den markierten Pfad ab. Beim nächsten Treffen mit der Schotterstraße halten Sie sich rechts und folgen dem zum Leuchtturm führenden Pfad (km 7,2). Später werden Sie auf der Schotterstraße von links zurückkommen.

⇘ Der Pfad zum Leuchtturm ist an einigen Stellen etwas ausgesetzt. Wenn Sie Höhenangst haben, können Sie als Alternative links der Schotterstraße zum Leuchtturm folgen – denselben Weg, auf dem Sie auch zurückwandern.

Der spektakuläre Pfad führt oberhalb der Klippen in 40 m Höhe über dem tiefblauen Meer zur Rechten. Den Leuchtturm ❸ erreichen Sie nach 650 m (km 7,8).

✋ Am Kap ist es oft sehr windig, vor allem in Sommer weht der Wind fast ständig mit Geschwindigkeiten von bis zu 100 km/h.

Leuchtturm am Kap von Agios Ioannis

Der Leuchtturm am Kap von Agios Ioannis (oder auch Kap Aforesmeno) wurde 1864 von einer französischen Firma an der Stelle eines Vorgängerturmes erbaut und gehört seit 1912 zum Netzwerk griechischer Leuchttürme. Der Turm ist

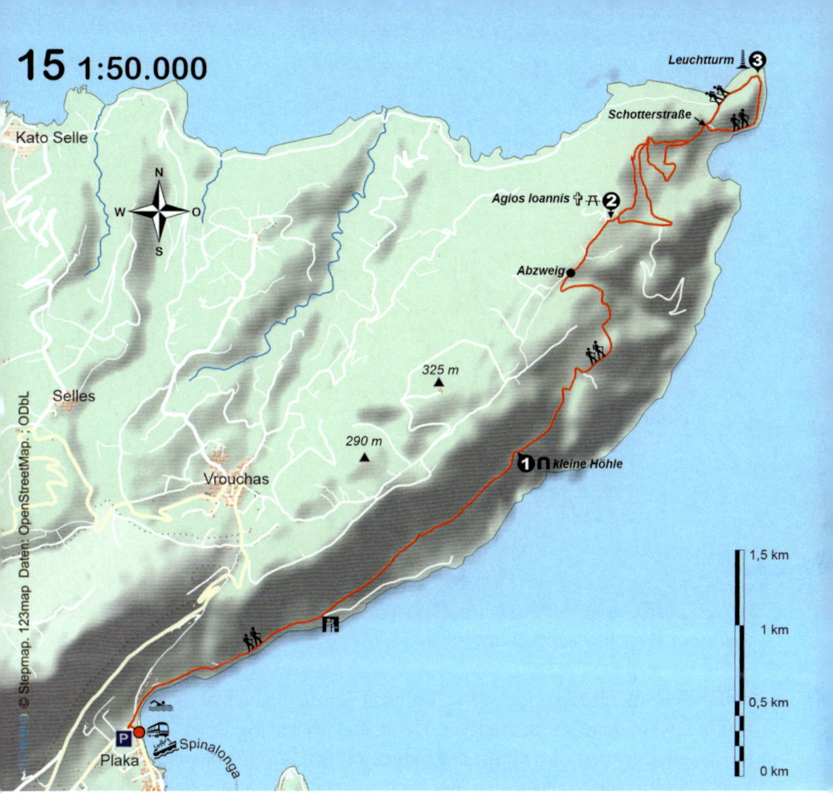
15 1:50.000
Leuchtturm
Schotterstraße
Kato Selle
N
W
O
S
Agios Ioannis
Abzweig
325 m
Selles
290 m
kleine Höhle
Vrouchas
© Stepmap. 123map Daten: OpenStreetMap ; ODbL
1,5 km
1 km
0,5 km
0 km
Spinalonga
Plaka

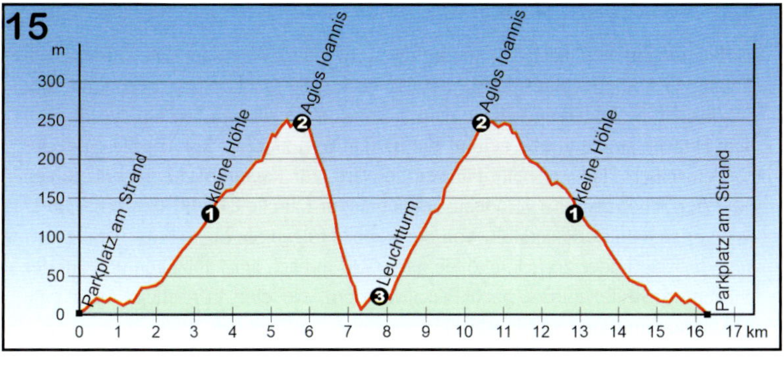
15
m
300
250
200
150
100
50
0
Parkplatz am Strand
kleine Höhle
Agios Ioannis
Leuchtturm
Agios Ioannis
kleine Höhle
Parkplatz am Strand
0 1 2 3 4 5 6 7 8 9 10 11 12 13 14 15 16 17 km

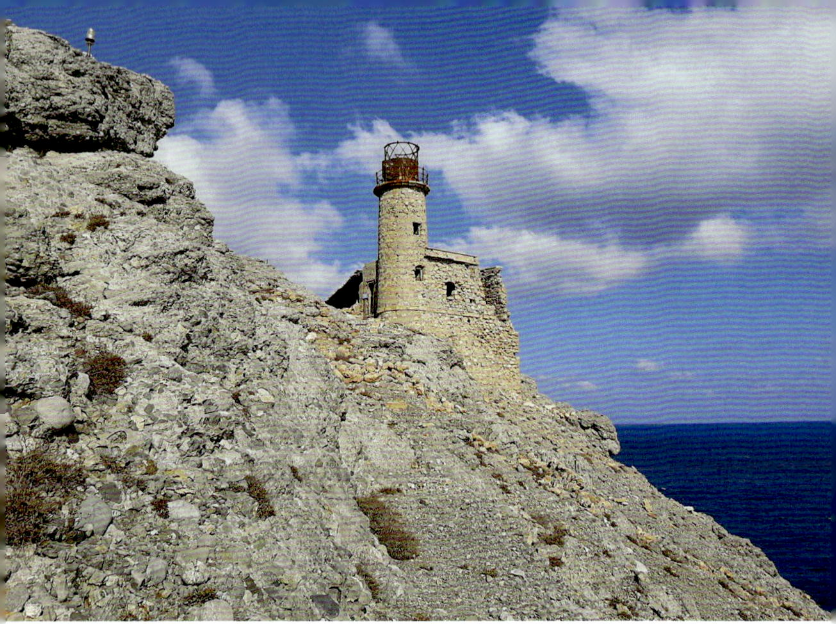

Auf dem Weg Richtung Leuchtturm

mittlerweile beschädigt und in schlechtem Zustand. Neben dem Leuchtturm wurde eine in den Fels geschlagene Höhle im Zweiten Weltkrieg von Deutschen als Ausguck genutzt. Am Gipfel des Berges zeugen Ruinen von einem alten venezianischen Beobachtungsposten, der auch auf einer alten venezianischen Seekarte von 1590 eingetragen ist.

Sie folgen dem nach 50 m breiter werdenden Weg, der Sie zurück zum Anfang des Klippenpfads führt, wo Sie rechts der Abkürzung gegenüber der Schotterstraße folgen und gleich darauf den Punkt erreichen, wo Sie der Pfad auf dem Hinweg an die Straße geführt hat ❸ (km 8,4). Ab hier können Sie entweder ↬ demselben Pfad wie beim Hinweg aufwärts zur Kapelle Agios Ioannis folgen oder der Schotterstraße geradeaus, die auch zur Kapelle ❷ führt (km 10,5), aber weniger steil aufwärts verläuft. Von der Kapelle folgen Sie die Schotterstraße entlang der Windräder zurück, ehe Sie nach 500 m nach links abbiegen und auf der bekannten Straße zurück nach Plaka wandern, wo eine Erfrischung oder eine Abkühlung im Meer auf Sie wartet.

16 Kritsa-Schlucht

Kindgerechte Tour für Landschaftsfans

Die Kritsa-Schlucht ist nicht lang, aber besonders der erste Teil ist sehr eindrucksvoll. Wasser hat die Felsen dieser stellenweise sehr schmalen Schlucht ausgewaschen. Ein alter Maultierpfad führt zurück in das schöne Bergdorf Kritsa und durch dessen Zentrum. Außerhalb von Kritsa laden die antike dorische Stadt Lato und die byzantinische Kirche Panagia mit ihren schönen Fresken zu einem Besuch ein.

Start/Ziel: Hauptparkplatz von Kritsa, GPS N 35°09.452' E 025°38.792'

6,2 km

2 Std.

230 m/230 m

232-371 m

gelb-weiße Zeichen und rote Punkte

In der Schlucht wandern Sie durch das Flussbett; bei einigen (Kletter-)Stellen müssen die Hände verwendet werden. An zwei Stellen bei großen Felsblöcken erleichtern Metallstufen und Seile das Vorankommen. Auf dem Rückweg folgen Sie einem Maultierpfad.

Von den vielen Cafés und Restaurants in Kritsa sind die meisten von April bis Oktober geöffnet, einige aber auch ganzjährig. Es gibt keine Einkehrmöglichkeiten unterwegs.

Es gibt keine Bänke entlang der Route, aber in der Schlucht einige Schattenplätze für eine Pause.

Supermärkte, Bäckerei und ein Kiosk in Kritsa

Diese nicht zu lange Wanderung ist ideal für Kinder – die eindrucksvolle Schlucht und kleinen Kletterpartien über Felsen sind wie ein Abenteuerspielplatz. Am Ende gibt es in Kritsa Gelegenheit für eine Einkehr zur Belohnung.

Möglich mit Hunden, aber in der Schlucht nicht ganz ideal: Bei den Felsblöcken mit Metallstufen müssen Sie Ihren Vierbeiner ggf. tragen. Der Rest ist kein Problem, allerdings gibt es unterwegs kein Wasser, also genügend mitnehmen!

P Freies Parken auf dem Hauptparkplatz von Kritsa. Bei der Einfahrt in das Dorf sehen Sie nach dem Friedhof das Schild des Parkplatzes.

ganzjährig von Agios Nikolaos nach Kritsa 8:00, 11:15, 14:30; zurück von Kritsa 8:30, 11:30, 15:00 (einfache Fahrt € 2), www.ktelherlas.gr

Radio Taxi Agios Nikolaos, ☏ 28 41 02 40 00 (einfach Fahrt von Agios Nikolaos nach Kritsa bzw. zurück € 12)

Kritsa, Kirche Panagia Kera und antikes Lato

Das große, authentische Dorf Kritsa mit seinen alten Häusern und engen Gassen lädt vor oder nach der Tour zu einem Bummel ein! Kritsa ist bekannt für die textilen Erzeugnisse der weiblichen Bevölkerung, die auch heute noch in vielen Geschäften verkauft werden: handgefertigte Spitzen, Webereien und Stickereien.

✞ Die sehenswerte und bekannte **Kirche Panagia Kera** mit ihren berühmten Fresken aus byzantinischer Zeit liegt 1 km außerhalb von Kritsa (Richtung Agios Nikolaos). Die ältesten Teile der Kirche, das Mittelschiff, die Gewölbedecke und die Kuppel gehen auf das 13. Jh. zurück.

♦ Mi-Mo 8:00-15:00, Eintritt € 2

⌘ Die **antike dorische Stadt Lato** 3 km außerhalb von Kritsa gilt als eine der besterhaltenen Städte der klassisch-hellenistischen Periode in Kreta und eine der vollständigsten Griechenlands. In der archäologischen Anlage erkennen Sie die Festungen, den Markt, ein Theater, Tempel und weitere öffentliche Gebäude, Zisternen sowie das Prytaneum – das ehemalige Rathaus.

♦ Mi-Mo 8:30-15:00, Eintritt € 3

Vom Hauptparkplatz in Kritsa gehen Sie zur Hauptstraße und folgen ihr in südöstliche Richtung zum Friedhof von Kritsa, hinter dem Sie links abbiegen (Schild zur antiken Stadt Lato). Nach 5 Gehminuten passieren Sie einen Kindergarten, queren kurz darauf das Flussbett über eine kleine Brücke und biegen links in die später betonierte Schotterstraße ab. Links bietet sich ein schöner

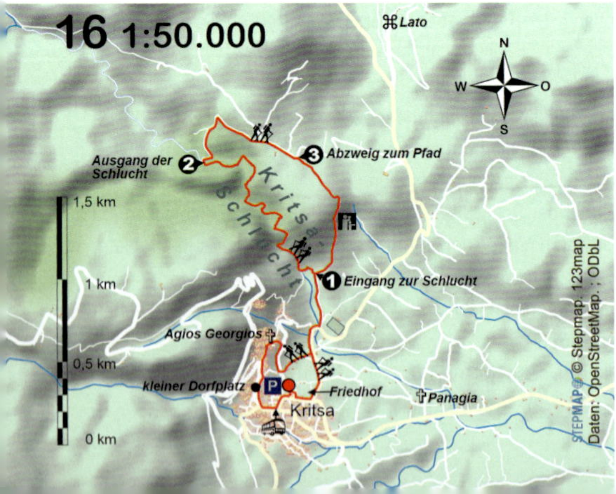

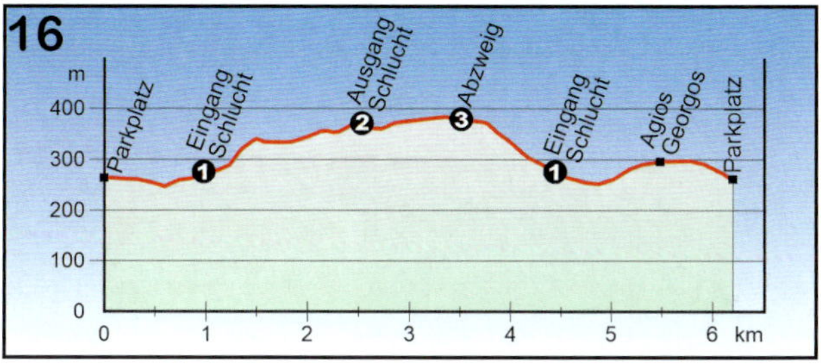

Blick auf Kritsa. Nach 330 m Anstieg erreichen Sie einen doppelten Stromleitungspfahl und ein kleines Gebäude mit Schildern am Eingang der Schlucht ❶ (km 1).

Sie biegen nach links ab (gelb-weiße Zeichen), hinein in die Schlucht! Von rechts werden Sie später zurückkommen. In der Schlucht gehen Sie hinunter zum Flussbett und biegen nach rechts ab. Sie folgen dem Flussbett; die gelb-weißen Markierungen geben die leichteste Route an. Bald geht es über einen Felsblock mit Metallstufen, ehe Sie sehr schmale Stellen passieren, wo Wasser die Felsen ausgewaschen hat. Bei einer Stelle mit rutschigen Felsen erleichtern Metallstufen und ein Seil das Vorankommen.

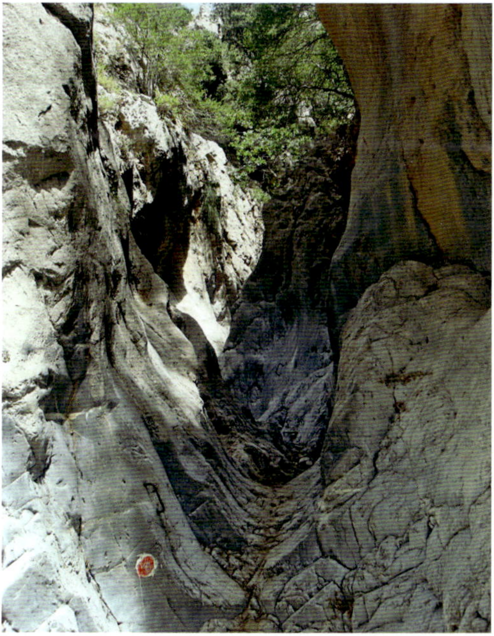
Ausgewaschenes Flussbett und enge Stelle

Unterwegs müssen Sie eventuell noch ein Viehgatter öffnen (und schließen), ehe Sie nach insgesamt rund einer Stunde die

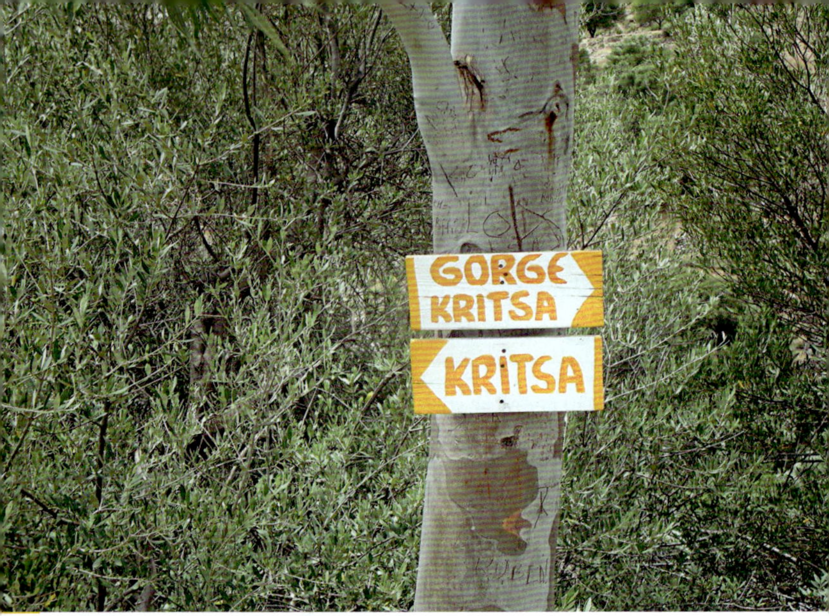

Schilder nach der Schlucht

Schlucht verlassen ❷ (km 2,6). Ein Schild weist geradeaus zum Dorf Tapes, aber Sie biegen nach rechts und folgen den gelb-weißen Markierungen sowie roten Punkten. Der breite Weg führt aufwärts, vorbei an einem weiteren Viehgatter. Sie ignorieren zwei linke Abzweigungen, ehe Sie nach 1 km in einer scharfen Linkskurve der Schotterstraße dem gelb-weiß markierten Pfad geradeaus folgen ❸ (km 3,5). Sie wandern zwischen zwei Trockenmauern auf einem Pfad, der früher als Transportweg von Maultieren und Eseln genutzt wurde, wie einige gut erhaltene Stellen erkennen lassen.

tolle Blicke über das Tal sowie später nach Kritsa

Sie erreichen eine Schotterstraße und folgen ihr rechts bzw. in Gehrichtung geradeaus Richtung Kritsa. Nach 200 m passieren Sie wieder den Eingang zur Schlucht ❶ (km 4,4). Hier halten Sie sich links und gehen (zunächst) denselben Weg zurück, den Sie gekommen sind. Nach dem Kindergarten zweigen Sie nach rechts für einen Rundgang durch das Dorf ab (gelb-weiße Zeichen).

↳ Falls Sie auf die Runde durch das Dorf verzichten und schnellstmöglich zurück zum Parkplatz möchten, gehen Sie geradeaus auf dem bekannten Weg zurück (➲ 500 m zum Parkplatz)!

Nach der rechten Abzweigung beim Kindergarten folgen Sie der Betonstraße und halten sich nach 100 m bei einer Gabelung links. Nach weiteren 100 m biegen Sie rechts in die Asphaltstraße ab – und verlassen damit die gelb-weißen Markierungen. Sie gehen auf die große Kirche von Kritsa zu und biegen nach 200 m – genau unter der Kirche – scharf nach links ab auf einen Weg mit Metallgeländer, der bald schmaler wird und zu einem kleinen Parkplatz vor der Kirche Agios Georgos führt (km 5,5). Weiter geht es entlang der gepflasterten Straße vor der Kirche durch das Dorf mit vielen Einkehr- und Einkaufsmöglichkeiten. Sie ignorieren alle Abzweigungen und erreichen nach 300 m den kleinen Dorfplatz (km 5,8). Sie folgen der gepflasterten Straße zu einer Asphaltstraße, wo Sie links abwärtsgehen und schließlich einen Platz mit der Bushaltestelle erreichen (km 6,1). Zurück zum Hauptparkplatz biegen Sie nach links ab und erreichen diesen nach 100 m.

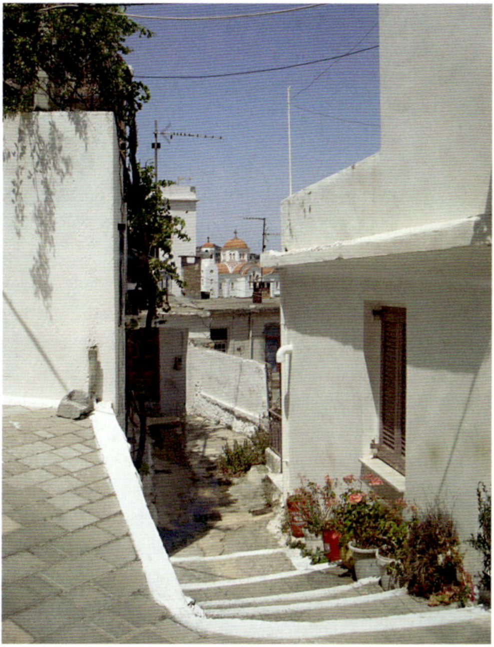

Kleine Gasse in Kritsa

17 Von der Mesonas-Schlucht zum Berg Kastro

Tour für Landschafts- und Bergfans

Diese an Höhepunkten reiche Tour beginnt im schönen Dorf Kavousi, von wo ein Maultierpfad zu einem der ältesten Olivenbäume Kretas führt. Ein spektakulärer Weg begleitet am Rand der Mesonas-Schlucht einen alten Bewässerungskanal, in dem auch heute noch Wasser fließt. Absolut sehenswert ist die minoische Siedlung auf dem Berg Kastro. Durch alte Terrassen aus minoischer Zeit wandern Sie zurück nach Kavousi.

- Start/Ziel: in Kavousi am Supermarkt und bei der Kirche Agia Triada nahe der Hauptstraße (mit Bushaltestelle), GPS N 35°07.367' E 025°51.477'
- 11 km
- 4 Std. 30 Min.
- ↑ ↓ 700 m/700 m
- ⇧ 100-708 m
- ab Kavousi Olivenbaum-Symbole, in der Mesonas-Schlucht gelbe und rote Punkte/Pfeile, Pfad zum Berg Kastro rote Punkte, *kalderimi* auf dem Rückweg mit Markierungen des E4
- Sie wandern überwiegend über steinige Pfade *(kalderimi)*, die an einigen Stellen in der Mesonas-Schlucht ausgesetzt sind. Vom Ende der Schlucht bis zum Berg Kastro geht es über Schotterstraßen und zurück wieder über einen *kalderimi*.
- Cafés und Tavernen in Kavousi, sonst keine Einkehrgelegenheit
- Rastmöglichkeit auf Steinbänken am Aussichtspunkt in der Schlucht (km 3,4)
- Supermarkt in Kavousi
- Diese anspruchsvolle Wanderung sollte nur mit älteren Kindern mit Wandererfahrung unternommen werden; Vorsicht bei den ausgesetzten Stellen!
- Auch für Hunde ist es eine anspruchsvolle Tour mit den ausgesetzten Stellen und steinigen Wegen, die aber immerhin unterwegs am Kanal Wasser bietet.
- Freies Parken ist in Kavousi hinter dem Supermarkt oder entlang der Hauptstraße möglich.
- Bus von Agios Nikolaos nach Kavousi 8:30, 14:15; zurück von Kavousi nach Agios Nikolaos ca. 8:00 und 12:45 (einfache Fahrt € 3), eigentlich zu früh, www.ktelherlas.gr
- Für den Pfad oberhalb der Mesonas-Schlucht ist Schwindelfreiheit erforderlich!

☺ Der Startpunkt Kavousi bietet Einkaufs- und Einkehrgelegenheiten entlang der Hauptstraße.

✕ Taverne Ntakos, EO Agiou Nikolaou Sitias, ☏ 28 42 09 47 68, ganzjährig 7:30-23:30

🛒 Supermarkt Pantopolíon Lianos, Kavousi 722 00, ☏ 28 42 09 47 55, Mo-Sa 8:00-20:00

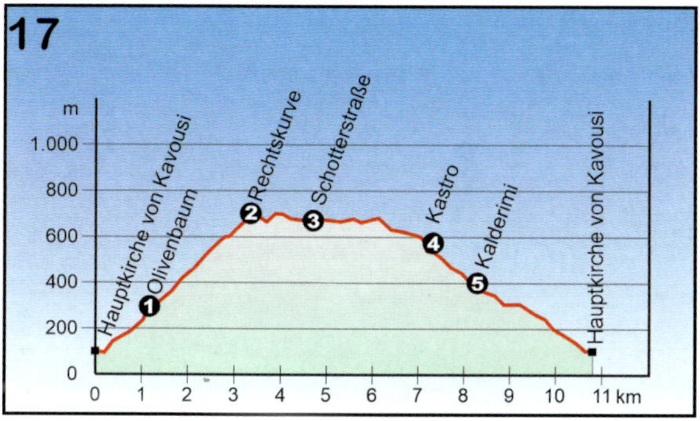

Vom Startpunkt zwischen dem Supermarkt und der Hauptkirche von Kavousi (Agia Triada) wandern Sie südwärts in das Dorf (E4). Nach 150 m erreichen Sie einen kleinen Platz mit traditionellen Kafenions, hinter dem Sie der Betonstraße links aufwärts folgen (Schilder Richtung Kastro und der minoischen Ausgrabungsstätte „Azorias"). Vorbei an der alten Kirche Agios

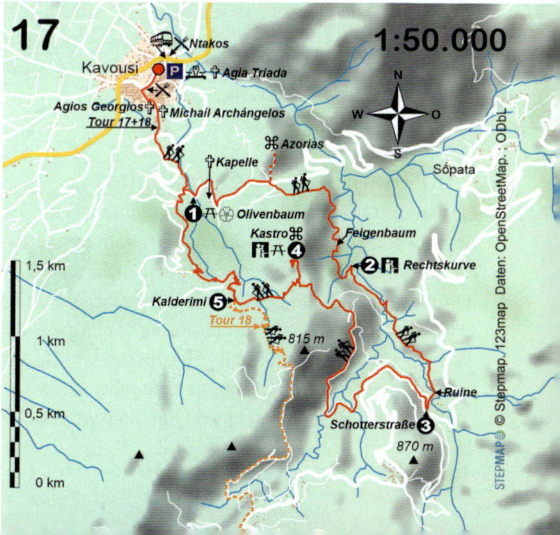

Georgios führt Sie die Straße aufwärts zur Kirche Michaíl Archángelos (km 0,5). Hier beginnt geradeaus der markierte Pfad zum antiken Olivenbaum, vorbei an einer alten Zisterne. Nach 150 m queren Sie eine Betonstraße und folgen dem mit einem Olivenbaum markierten Pfad geradeaus. Nach 130 m halten Sie sich bei der Straße links und nach 50 m noch einmal links – wieder entlang des markierten Pfads. Nach 150 m biegen Sie links in einen breiteren Weg und gleich darauf nach rechts ab. Nach 180 m erreichen Sie wieder die Straße und folgen ihr links 70 m zum antiken Olivenbaum von Kavousi ❶ (km 1,2), einem schönen Pausenplatz.

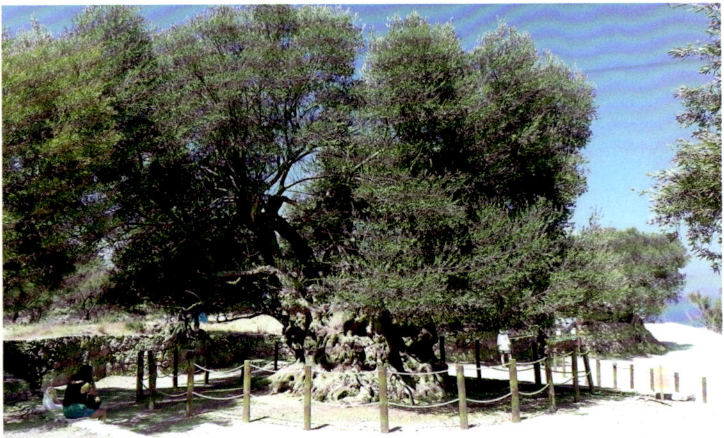

Antiker Olivenbaum

3.000 Jahre alter Olivenbaum

Der antike Olivenbaum von Azorias wurde wegen seiner beachtlichen Stammgröße und der Nähe zu minoischen Ausgrabungsstätten vom Verein der kretischen Olivengemeinden zu einem Naturdenkmal erklärt. Archäologische Funde bei der minoischen Siedlung geben Aufschluss über die frühere Olivenverarbeitung. Der Olivenbaum selbst – von der Sorte *Olea europea*, also „Europäische Olive" – gilt als einer der ältesten weltweit. Anhand der Jahresringe geschätzt (durch der Bohrkernentname) wurde der Baum vermutlich zwischen 1350 und 1100 v. Chr. gepflanzt. Der Stamm hat einen Durchmesser von 4,90 m und einen Umfang von 14,20 m.

Sie passieren den Baum und folgen der Betonstraße aufwärts, nach 300 m vorbei an einer kleinen, weißen ✞ Kapelle, geweiht der heiligen Jungfrau Protoseptemvriani (km 1,5). Kurz darauf bietet sich von der Straße ein schöner Blick nach Azorias, ehe ein Schild nach links zu dieser archäologischen Stätte weist (km 2) und nach rechts zur Mesonas-Schlucht.

Für einen Besuch der minoischen Ausgrabungsstätte Azorias geht es 200 m nach links.

⌘ Azorias

Die spätminoische Siedlung Azorias, mit Blütezeit in der archaischen Epoche (7.-5. Jh. v. Chr.), liegt auf einem Hügel mit zwei Gipfeln. Ausgrabungen um 1900 und ab 2002 förderten öffentliche Gebäude, Lager, einen Tempel und Alleen zutage, die auf einen zentralen Platz zuführten – die Agora. Die Bewohnerinnen und Bewohner kultivierten an den umliegenden Hängen und Tälern Oliven, Wein und Getreide. Funde erlauben außerdem Rückschlüsse auf Fischerei, Viehhaltung und Keramikproduktion. Das seinerzeit ständig besiedelte Azorias wurde im 5. Jh. v. Chr. durch ein Feuer zerstört.

immer, freier Zutritt

Sie biegen wenige Meter vor dem Wegweiser nach rechts ab und folgen anfangs einer Betonstraße aufwärts (gelbe Punkte). Nach 60 m erreichen Sie den Wasserkanal und folgen dem Pfad links am Kanal entlang (rote Punkte). Dieser an einigen Punkten ausgesprochen gut erhaltene Pfad führt die ganze Zeit an dem Kanal entlang. An einigen Stellen bieten sich links bei steilen Hängen atemberaubende Blicke. Sie passieren mitten auf dem Weg einen Feigenbaum (km 3) und kurz darauf einen kleinen Eichenwald. 400 m nach dem Feigenbaum macht der Pfad eine scharfe Rechtskurve ❷ (km 3,4).

Zur Linken spektakuläre Aussicht in die Schlucht!

Der folgende Abschnitt des Pfads ist stellenweise mit Oleander überwachsen. Die Schlucht wird bald schmaler und weniger tief, ehe Sie eine Metallkonstruktion über dem Wasserkanal erreichen (km 3,7). Sie queren das Flussbett, steigen steil aufwärts und wandern entlang eines Wasserrohrs, das hier einen gebrochenen Teil des Wasserkanals ersetzt. Nach dem steilen Anstieg erreichen Sie eine Fläche mit viel Salbei und alten Terrassen.

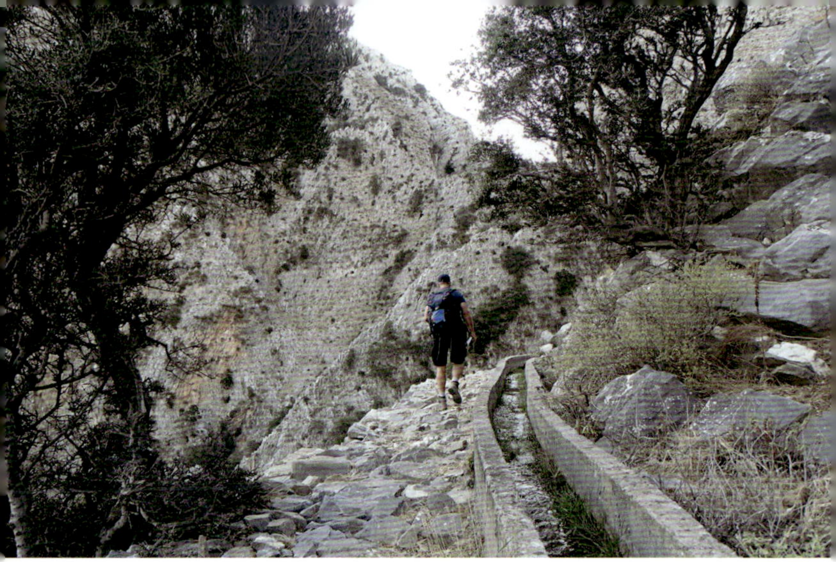

Weg in der Schlucht entlang des Wasserkanals, © Angela Sturmayr

Kurz nach dem Passieren einer quadratischen Wasserzisterne queren Sie erneut das Flussbett. Der Pfad führt aufwärts (rote Pfeile) und an der Ruine eines alten Hauses vorbei (km 4,6). Sie folgen dem Pfad neben dem Wasserkanal weiter aufwärts und erreichen eine Schotterstraße mit Wanderwegweisern ❸ (km 4,7). Sie biegen nach rechts Richtung Kastro und Skouriasmenos ab, um nach 600 m bei einer Gabelung links aufwärtszugehen. Nach 30 m geht es bei der nächsten Gabelung rechts abwärts und für 1,8 km entlang einer Schotterstraße mit schöner Aussicht und Blick hinunter zum alten Pfad in der Schlucht, vorbei an Weingärten. Beim Ende der Straße (km 7,1) folgen Sie dem Pfad mit schönem Blick nach vorne auf den Berg Kastro und in der Entfernung zur Mirabello-Bucht (☞ Titelfoto). Der Pfad steigt zu einem Sattel ab und erreicht nach 100 m eine T-Kreuzung mit einem anderen Pfad, dem Sie rechts aufwärts folgen (rote Punkte). Nach einem kleinen Tor empfängt Sie die minoische Siedlung mit einer Infotafel über diese Ausgrabungsstätte ❹ (km 7,3, ⇧ 689 m).

⌘ Minoische Siedlung Kastro

Die spätminoische Siedlung Kastro liegt auf einem felsigen Berg in 710 m Höhe und ist umgeben von Terrassen für Landwirtschaft. Die verteidigungsfähige Zufluchtsstätte war vom frühen 12. bis zum 7. Jh. v. Chr. besiedelt. Zum Ende

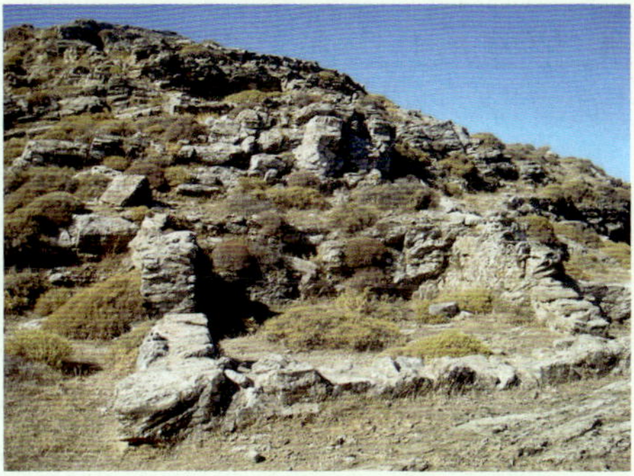

Ruinen der Siedlung Kastro

hin wurde Kastro immer kleiner und schließlich ganz aufgegeben. Bei den ersten Ausgrabungen im Jahr 1900 entdeckte Harriet Boyd 13 Räume. Weitere Ausgrabungen förderten eine Grabstätte im Südwesten zutage. Die American School of Classical Studies unternahm zwischen 1987 und 1992 weitere archäologische Untersuchungen. Fundstücke sind im Archäologischen Museum von Agios Nikolaos und in der Archäologischen Sammlung von Ierapetra zu besichtigen.

immer, freier Zutritt

☺ Ein Spaziergang über die Anlage lohnt sich auf jeden Fall. An vielen Stellen erklären Infotafeln die Bedeutung der Gebäude.

Unter einem kleinen Baum ist ein idealer Platz für eine Pause mit schönen Blicken über die Mirabello-Bucht, nach Kavousi und in der Ferne auf die Stadt Agios Nikolaos.

Von der Siedlung Kastro gehen Sie zurück zum Sattel und wandern geradeaus (rote Punkte) entlang der mehr als 3.000 Jahre alten Terrassen aus spätminoischer Zeit. Der mit roten Punkten markierte Pfad führt Sie zu einem gut erhaltenen, breiteren, steinigen Weg *(kalderimi)* ❺ (km, 8,3), der mit E4-Zeichen markiert ist (☞ Tour 18). Diesem folgen Sie rechts abwärts zu einer Schotterstraße mit einer steilen Felswand zur Linken (km 8,8). Hier biegen Sie rechts in den weiter abwärtsführenden Pfad ab (E4 und rote Pfeile). 10 Gehminuten später passieren Sie einen kleinen Eichenwald mit der Ruine einer alten Kapelle (km 9,3). Nach der Querung des aus der Mesonas-Schlucht kommenden Wasserkanals biegen Sie rechts in die Betonstraße und sofort danach links in den Pfad ab, auf dem Sie vorher gekommen sind (etwas weiter geradeaus auf der Straße ist der antike Olivenbaum ❶). Der Pfad führt Sie abwärts zurück zum Dorf Kavousi.

18 Von Kavousi nach Monastiraki

Tour für Landschafts- und Kulturbegeisterte

Diese schöne Wanderung führt Sie auf einem alten Maultierpfad vom Dorf Kavousi zur Sommersiedlung Thripti, die auf minoische Zeit zurückgehen soll. In Thripti können Sie sich vor dem Abstieg auf dem E4 nach Monastiraki im Kafenion erfrischen. Unterwegs passieren Sie einen der ältesten Olivenbäume Kretas und genießen phänomenale Blicke hinunter in die Ha-Schlucht, auf die Nord- und Südküste sowie auf Plateaus unter Ihnen.

→ Start: in Kavousi beim Supermarkt und der Kapelle Agia Triada nahe der Hauptstraße (mit Bushaltestelle), GPS N 35°07.367' E 025°51.477'; Ziel: Parkplatz in Monastiraki, GPS N 35°04.860' E 025°49.621'

14,3 km

5 Std.

↑↓ 840 m/780 m

100-850 m

von Thripti nach Monastiraki E4-Wegweiser

Maultierpfade *(kalderimi)*, Schotterstraßen und steinige Pfade

in Kavousi Café und Taverne, in Thripti Kafenion (km 6,6) und in Monastiraki Cafés und Tavernen; Brunnen mit Trinkwasser am kleinen Platz in Thripti (km 6,5) und bei der Kapelle Agia Anna (km 9,4)

Bänke mit Trinkwasser am kleinen Platz in Thripti (km 6,5) und bei der Kapelle Agia Anna (km 9,4)

Supermarkt in Kavousi am Start der Wanderung

nur für ältere Kinder mit Wandererfahrung geeignet wegen der langen An- und Abstiege

Hunde können unterwegs zweimal Wasser „nachtanken", werden ansonsten aber wegen des langen An- und Abstiegs sehr (zu viel?) gefordert.

P freies Parken in Kavousi hinter dem Supermarkt oder entlang der Straße

Bus von Agios Nikolaos nach Kavousi 6:15, 8:15, 12:15, 15:15, 20:15 (einfache Fahrt € 4); von der Bushaltestelle nahe dem Ziel bei Monastiraki nach Agios Nikolaos ca. 6:40, 8:40, 10:25, 12:25, 14:25, 16:25, 18:25, 20:25 (Bus von Ierapetra; € 4), www.ktelherlas.gr

Von Ierapetra nach Kavousi CreteTaxiTransfer, 69 38 64 56 34, www.cretetaxitransfer.gr (einfache Fahrt € 25), zurück von Monastiraki nach Ierapetra (€ 18). Falls Sie mit dem Auto nach Kavousi gefahren sind, ist die Rückfahrt von Monastiraki nach Kavousi per Taxi eine Option (etwa € 20, CreteTaxiTransfer s. o.).

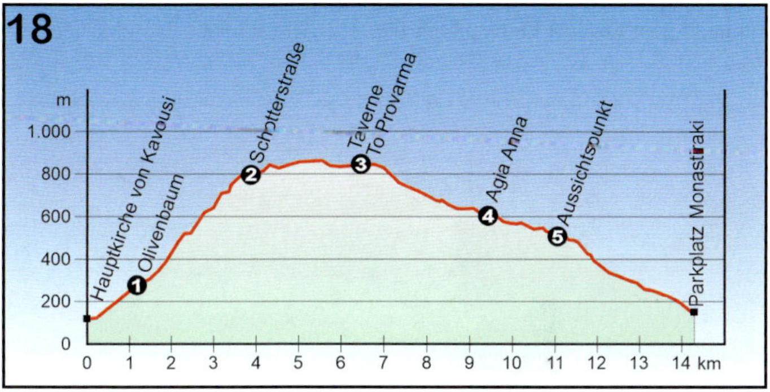

Vom Startpunkt zwischen dem Supermarkt und der Hauptkirche von Kavousi (Agia Triada) wandern Sie in das Dorf (E4) und erreichen nach 150 m einen kleinen Platz mit traditionellen Kafenions. Hinter dem Platz folgen Sie der Betonstraße aufwärts Richtung Kastro und der minoischen Ausgrabungsstätte Azorias vorbei an der alten Kirche Agios Georgios. Nach 200 m Anstieg erreichen Sie die Kirche Michaíl Archángelos (km 0,5). Hier beginnt der markierte Pfad geradeaus zum antiken Olivenbaum, vorbei an einer alten Zisterne und nach 150 m über eine Betonstraße. Nach 130 m erreicht der mit einem Olivenbaum markierte Pfad wieder die Straße, der Sie 50 m nach links folgen,

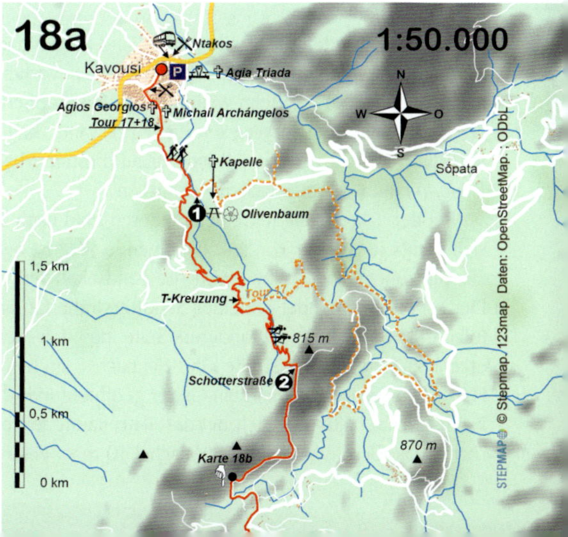

um dann links wieder auf den Pfad abzubiegen. Nach 150 m halten Sie sich bei einem breiten Weg links und sofort danach rechts. Nach 180 m erreichen Sie wieder die Straße und biegen nach links ab, ehe Sie nach 70 m der antike Olivenbaum von Kavousi ❶ empfängt (km 1,2), ein schöner Pausenplatz (Info ☞ Tour 17).

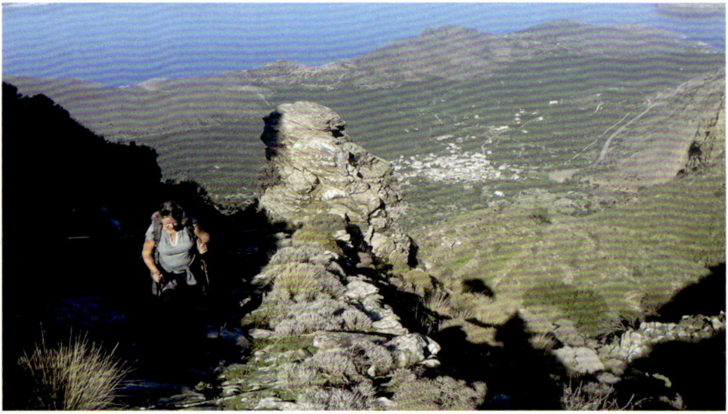

Auf einem kalderimi; unten Kavousi

Sie gehen wieder zur Straße zurück und biegen nach 100 m links in den aufwärtsführenden Pfad (*kalderimi*) ab, nach 550 m vorbei an der kleinen Ruine einer alten Kirche (km 1,8). Beim weiteren Anstieg ignorieren Sie Abzweigungen und erreichen einen breiten Weg mit einer Felswand vor Ihnen (km 2,3). Sie biegen nach links ab und genießen einen der am besten erhaltenen Teile dieses antiken *kalderimi* mit fantastischen Ausblicken.

Bei der T-Kreuzung mit einem anderen Pfad nach 500 m (km 2,7) halten Sie sich rechts (E4) – der von links kommende Weg ist bei Tour 17 beschrieben.

Mit zunehmender Höhe wird die Landschaft mit weniger Vegetation karger. Der schöne Pfad endet bei einer Schotterstraße ❷ (km 3,9), der Sie nach links folgen. Links ist auf der anderen Seite des Tals der kleine Weiler Tsamantis erkennbar. Die Schotterstraße führt Sie nach 1 km rechts vorbei an einem kleinen Haus, möglicherweise muss ein Gatter geöffnet (und wieder geschlossen) werden. Nach 600 m halten Sie sich bei der T-Kreuzung mit einem Haus auf jeder Seite rechts. Die Betonstraße führt Sie nach 140 m zu einer Kreuzung, wo Sie gerade-

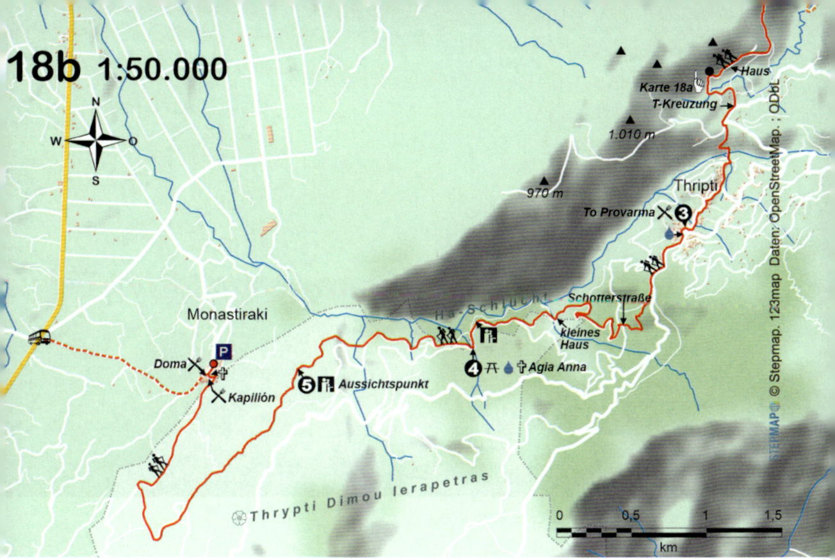

aus auf das sichtbare Dorf (Thripti) zugehen. Weiter geht es abwärts und bei einer Gabelung links hinunter in das Dorf. Beim ersten Haus zur Linken wandern Sie über Betonstufen aufwärts und danach geradeaus entlang der Häuser (E4) zu einem netten Kafenion ❸ (km 6,6, ⇧ 821 m).

✕ Taverne To Provarma, Thripti, Kato Chorio, 📱 69 42 26 37 73, 🚪 Mai-Oktober täglich 9:00-22:00, im Winterhalbjahr nur Sa/So 9:00-22:00

Sommersiedlung Thripti

Das Dorf Thripti ist heutzutage nicht ständig besiedelt. An Wochenenden und im Sommer genießen aber viele Menschen die Natur und Kühle der Hochebene. Die grüne Landschaft ist ein wahres Schlaraffenland mit ihren Weingärten sowie Obst- und Nussbäumen, vor allem Äpfel, Birnen, Mandeln und Walnüssen. Auch der einzige verbliebene Kiefernwald in den Bergen von Sitia ist hier zu finden, von dem allerdings ein großer Teil 1987 einem großen Waldbrand zum Opfer fiel. Nahe dem Ort beginnt eine der wildesten Schluchten Kretas, die Ha-Schlucht, die nur Kletter- und Canyoning-Erfahrenen zugänglich ist.

Sie folgen der Straße zu einem kleinen Platz auf der linken Seite mit einem 💧 Trinkwasserbrunnen. Hier halten Sie sich rechts und folgen der Asphaltstraße

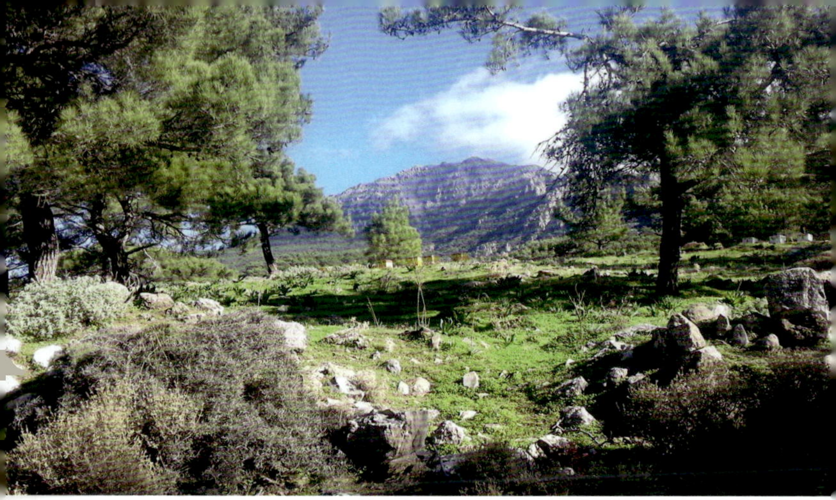

Kiefern und Bienenstöcke am Weg

abwärts durch schönen Kieferwald. Nach 450 m nehmen Sie rechts den kleinen Pfad (E4) in den Kiefernwald und gehen bei einer Gabelung rechts. Nach 500 m erreichen Sie eine Schotterstraße (km 7,5), folgen ihr rechts und gehen nach 20 m links. Die Schotterstraße führt nach 1 km an einem kleinen Haus auf der rechten Seite vorbei. Sie folgen weiter dem Hauptweg und gehen bei einer Gabelung links bzw. in Gehrichtung geradeaus. Rechts beginnt die Ha-Schlucht, die nach 800 m gut zu sehen ist (km 9,3).

Aussichtspunkt mit atemberaubendem Ausblick, unten im Tal ist das Dorf Vassiliki erkennbar!

120 m weiter erreichen Sie die kleine Kapelle Agia Anna ❹ (km 9,4).

✝ Die byzantinische Kapelle Agia Anna ist ein kleines Gotteshaus mit nur einem Raum, geweiht der heiligen Anna, der alljährlich am 25.7. mit einer Feier gedacht wird. Im Inneren der 1998 renovierten Kirche beeindrucken die Fresken aus dem frühen 15. Jh.

schöner, schattiger Pausenplatz bei der Kapelle mit Steinbänken und Trinkwasserbrunnen

Nach der Kapelle halten Sie sich bei einer Gabelung rechts und wandern abwärts (E4), eine rechte Abzweigung nach 120 m ignorierend. Rechts liegt die Schlucht. Bei der nächsten Gabelung (nach ca. 800 m) gehen Sie rechts abwärts (E4 und rote Punkte) auf dem sich zu einem Pfad verengenden Weg. Beim Queren eines Flussbettes weisen rote Punkte und E4-Zeichen den Weg, ehe Sie zur Linken die Rückseite von Infotafeln an einer Schotterstraße erkennen.

Sie gehen nicht zu dieser Schotterstraße, sondern folgen weiter dem Pfad mit E4-Markierungen abwärts. Vorsicht bei lockeren Steinen!

Unterwegs bieten sich schöne Blicke über die Mirabello-Schlucht in der Ferne und das Tal unten, die kurz darauf bei einem schönen Aussichtspunkt ❺ an Felsen oberhalb des steilen Kliffs noch gesteigert werden (km 11).

Nach 1,4 km queren Sie eine Schotterstraße (km 12,4) und biegen 60 m danach links auf eine abwärtsführende Schotterstraße (E4) ab. Nach 1,7 km gehen Sie direkt oberhalb von Monastiraki scharf links hinein in das Dorf. Nach der Taverne Kapilión biegen Sie nach rechts, gehen die Stufen abwärts und passieren das Doma Cafe sowie eine kleine Kirche.

- Taverne Kapilión, Monastiraki, ☏ 28 42 09 33 20, ganzjährig Mo-Sa 16:00-23:30, So 13:00-23:30
- Doma Cafe, Monastiraki, 69 59 20 09 25, ganzjährig täglich 16:00-0:00

Bei der T-Kreuzung mit einer Straße biegen Sie nach rechts ab und erreichen den Parkplatz des Dorfes (km 14,3).

Zur Bushaltestelle biegen Sie bei der T-Kreuzung nach links ab und folgen den E4-Markierungen. Nach einigen Minuten halten Sie sich zweimal rechts (E4) und folgen dem Weg in nordwestliche Richtung zur Hauptstraße mit der Bushaltestelle auf der linken Seite.

19 Durch die Richtis-Schlucht

Tour für Landschafts- und Badebegeisterte

Vom an der Nordküste gelegenen Dorf Exo Mouliana wandern Sie über Schotterwege oberhalb der Richtis-Schlucht zur Küste mit schönen Blicken zur Küstenlinie. Am Richtis-Strand lädt ein schattiger Platz zum Picknick ein. Danach erwartet Sie in der Richtis-Schlucht eine vollkommen andere Welt, die mit Bäumen, Pflanzen, Wasserbecken und einem berühmten, 20 m hohen Wasserfall an einen Regenwald erinnert. Mehrfach queren Sie das Flussbett und bei schwierigen Stellen in der Schlucht erleichtern metallene und hölzerne Stufen das Vorankommen.

↻ Start/Ziel: Dorfrand von Exo Mouliana mit Parkgelegenheit, von Agios Nikolaos kommend beim Straßenschild Richtung Richtis Beach, GPS N 35°10.007' E 025°59.263'

11,8 km

4 Std. 30 Min.

↑↓ 520 m/520 m

⇧ 5-411 m

in der Schlucht gelb-rote Markierungen

Schotterwege und in der Schlucht Pfad, stellenweise durch das Flussbett. In der Schlucht gibt es einige Stufen sowie stellenweise leichte Kletterpassagen über große Steine bzw. Felsbrocken.

✕ in Exo Mouliana 50 m nach dem Start Taverne/Kafenion an der Hauptstraße; Wasserbrunnen am Strand (km 6,8)

Am Strand laden Bänke unter Bäume zur Rast ein (km 6,8), in der Schlucht einige Steine unter schattigen Bäumen und ein Picknicktisch beim Wasserfall (km 8,4).

Minimarkt neben der Taverne in Exo Mouliana

Badegelegenheit an steinigem Strand (km 6,8)

Wie viele Schluchtenwanderungen ist auch diese gut geeignet für Kinder. Als natürlicher Abenteuerspielplatz ist hier aber stellenweise Vorsicht geboten. Mit Kindern sollten Sie ggf. lieber die kürzere – und kurzweiligere – direkte Variante statt der Rundwanderung wählen, wobei man durch die gesamte Schlucht hin- und zurückwandern könnte (☞ s. u.).

für Vierbeiner machbar, aber nicht ideal wegen vieler Stufen, Besucherinnen und Besucher und einiger Kletterpartien über Felsbrocken in der Schlucht

P freies Parken entlang der Straße beim Startpunkt. Von Agios Nikolaos folgen Sie zunächst der Nationalstraße Richtung Sitia und erreichen bei einem Straßenschild Richtung „Richtis Beach“ den Dorfrand von Exo Mouliana.

Der Bus von Agios Nikolaos nach Sitia hält an der Taverne/Kafenion in Exo Mouliana, 50 m entfernt vom Startpunkt. Abfahrt ab Agios Nikolaos täglich 8:15, 12:15, 14:45, 20:15 sowie Mo-Fr 6:15 (einfache Fahrt € 8), Rückfahrt ab Sitia nach Agios Nikolaos (Abfahrt ab Exo Mouliana etwa 1 Std. später!) täglich 8:45, 11:45, 14:45, 17:00, 21:45 sowie Mo-Fr 5:30, www.ktelherlas.gr

Optional können Sie statt des Rundweges auch nur direkt zur Schlucht und dort beispielsweise nur bis zum Wasserfall gehen und dann denselben Weg wieder zurückgehen (hin und zurück 6,8 km, 4 Std.).

Ca. 50 m entfernt vom Start liegen in Richtung Nordost eine Einkaufsgelegenheit und eine Einkehrgelegenheit an der Hauptstraße.

Taverne/Café I Platía stráta, 28 43 09 52 01, ganzjährig täglich 6:00-1:00

Mini Market, 69 87 73 89 06, täglich 7:30-21:30

Von der Hauptstraße am Dorfanfang (von Agios Nikolaos kommend) folgen Sie dem blauen Straßenschild zum Strand von Richtis. Nach 130 m auf der Asphaltstraße Richtung Strand gehen Sie bei einer Gabelung rechts abwärts auf einer Betonstraße, nach wenigen Minuten vorbei an einem alten Brunnen. Die Betonstraße verlassen Sie 300 m nach dem Brunnen (etwa 5 Minuten), indem Sie rechts einem Schotterweg folgen. Bei einer Kreuzung gehen Sie geradeaus abwärts durch Olivenhaine. Bei der Lachanas-Brücke aus türkischer Zeit ❶

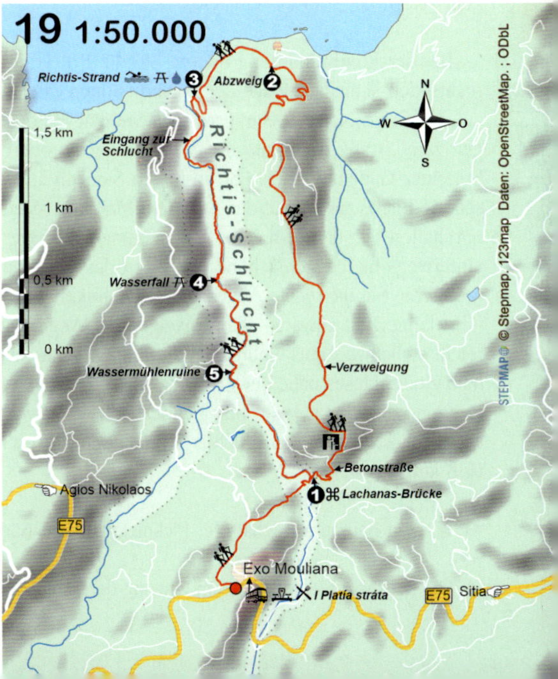

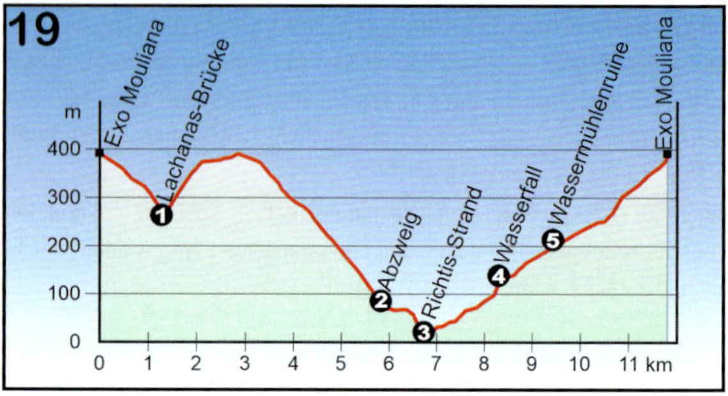

(km 1,3) weisen Schilder den Weg zur Richtis-Schlucht, dem Wasserfall (1.800 m) und dem Strand (3.270 m).

An diesem Punkt haben Sie die Möglichkeit, den Weg in die Schlucht zu gehen und auf demselben Weg zurück (⌛ 1 Std. 30 Min. zum Strand, ⌛ 1 Std. zum Wasserfall – jeweils einfacher Weg).

Bei der Rundwanderung queren Sie die Brücke und nehmen nach 40 m rechts den schmalen Pfad, der in Serpentinen über Terrassen mit Olivengärten aufwärtsführt. Nach 200 m erreichen Sie eine Betonstraße (km 1,6). Hier zweigen zwei Straße nach links ab; Sie nehmen die obere, die weiter aufwärtsführt. Bei einer Gabelung nach 180 m halten Sie sich links und genießen kurz darauf schöne Blicke zurück auf das Dorf Exo Mouliana. Sie folgen der Straße für 1 km und halten sich dann bei einer Verzweigung links bzw. in Gehrichtung geradeaus. Unterwegs bieten sich schöne Blicke auf das Meer und die Küste. Nach 300 m ignorieren Sie die rechte Abzweigung und folgen der Straße geradeaus. Der Weg führt lange Zeit abwärts, alle abzweigenden Wege beachten Sie nicht. Der Blick reicht stellenweise bis hinunter in die Richtis-Schlucht. Bei einigen Feldern oberhalb eines Hauses nahe der Küste ❷ (km 5,7) biegen Sie links in einen Schotterweg ein, zunächst auf gleichbleibender Höhe (⇧ etwa 90 m). Bald bietet sich ein erster Blick auf den Richtis-Strand, den Sie nach rund 1 km erreichen ❸ (6,8 km).

von Bäumen beschatteter Picknickplatz mit Bänken und Wasserbrunnen

Die Betonstraße führt Sie zum Eingang der Schlucht mit einer Infotafel (km 7,1).

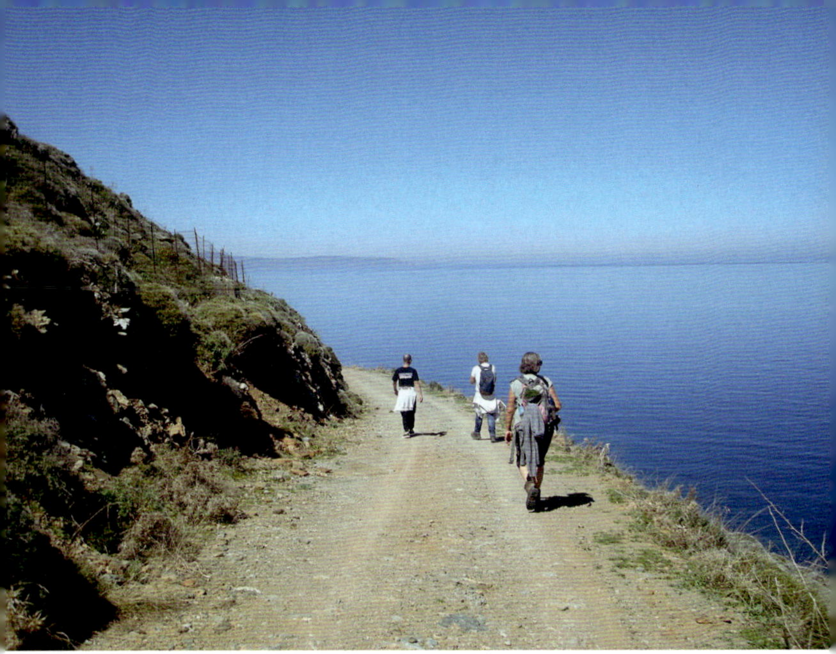

Weg an der Küste zur Richtis-Schlucht und dem Richtis-Strand

Richtis-Schlucht

Die Richtis-Schlucht bzw. der Fluss Tsagaria führt ganzjährig Wasser – dank des Berges Drymias (918 m) im Orno-Gebirge. In der Schlucht erwartet Sie eine sattgrüne Landschaft mit vielen Platanen, Oleander, Salbei und anderen Pflanzen bzw. Kräutern. Im Fluss sind oft flüchtende Frösche zu sehen. Höhepunkt der Schlucht ist der namensgebende, 20 m hohe Wasserfall (*richtis* steht im kretischen Dialekt für „Wasserfall"). Relikte menschlicher Besiedlung sind die Lachanas-Brücke (❶) aus türkischer Zeit (19. Jh.) sowie Ruinen von Wassermühlen. Kein Wunder, dass diese Schlucht eine der beliebtesten Ost-Kretas ist!

Kurz darauf beginnt ein gut markierter Pfad mit gelb-roten Zeichen, der Sie bald unter Schatten spendenden Platanen durch das Flussbett führt. Nach etwa einer halben Stunde und mehreren Querungen des Flussbettes erreichen Sie nach 1,2 km Metalltreppen und kurz darauf einen kleinen Teich mit dem 20 m hohen Wasserfall ❹ (km 8,4).

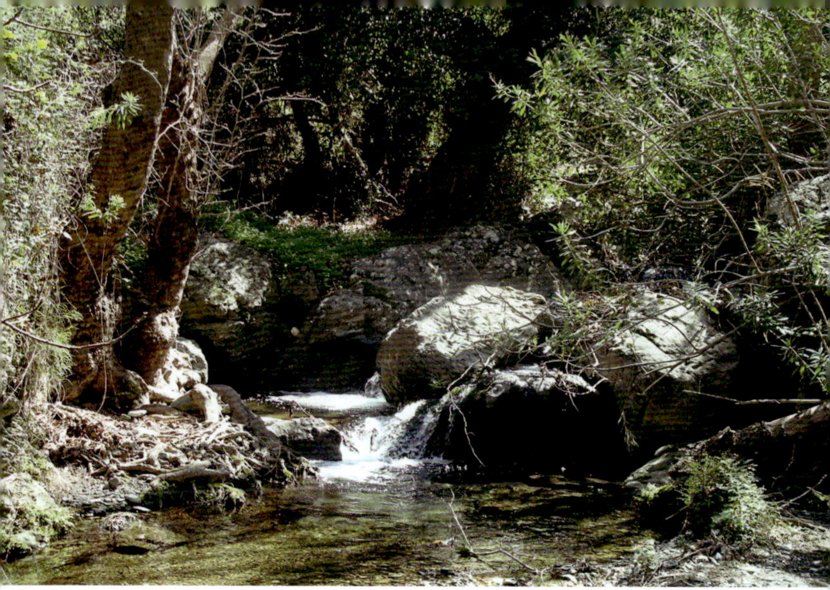

Fließendes Wasser in der Schlucht

Rastplatz mit Picknicktisch und Bänken unter Bäumen

Nach dem Wasserfall führt Sie der Pfad steil aufwärts. Sie wandern über eine hölzerne Konstruktion mit Stufen. Oben erreichen Sie den Punkt, wo der Wasserfall hinabstürzt.

Bei einigen Stellen in der Schlucht müssen Sie Vorsicht walten lassen und ein wenig klettern!

Weiter geht es durch das Flussbett, ehe Sie 1 km (etwa 30 Minuten) nach dem Wasserfall die überwachsene Ruine einer alten Wassermühle erreichen ❺ (km 9,4). Hier queren Sie erneut das Flussbett und folgen dem Pfad durch dieses bis zu einem kleinen Orangenhain nach etwa 1 km. Kurz darauf erreichen Sie wieder die alte türkische Brücke ❶. Zurück geht es rechts aufwärts, nicht links auf der Betonstraße! Nach 500 m gehen Sie bei einer Kreuzung geradeaus und kurz darauf weiter geradeaus aufwärts. Sie passieren wieder den alten Brunnen und gehen zum Startpunkt der Wanderung am Dorfrand von Exo Mouliana zurück.

20 Von Mirtos nach Mournies

Tour für Landschafts- und Badebegeisterte

Vom Küstendorf Mirtos wandern Sie landeinwärts in das ruhige Örtchen Mournies durch eine typische Landschaft mit weichen Kalksteinbergen und viel wildem Thymian. In Mournies erwarten Sie ein schöner Aussichtspunkt bei der Kirche und ein Kafenion für eine Erfrischung. Am Ende der Tour können Sie sich mit einem Bad am schönen Strand von Mirtos belohnen.

Start/Ziel: Hotel Mirtos in der Ortsmitte von Mirtos, GPS N 35°00.241' E 025°35.079'

10,7 km (kurze Option 4,4 km)

3 Std. 30 Min. (kurze Option 1 Std. 30 Min.)

330 m/330 m

1-293 m

rote, runde und blaue, dreieckige Markierungen

überwiegend Schotterwege und kurzzeitig auch asphaltierte und betonierte kleine Straßen

Mirtos bietet viele Einkehrgelegenheiten. Tipp: Hotel Mirtos mit sehr guter Küche! Unterwegs gibt es in Mournies ein Kafenion (km 4,8), das auch einfache Gerichte serviert. Brunnen zum Auffüllen der Trinkflasche in Mournies (km 5)

Der Aussichtspunkt bei der Kirche in Mournies eignet sich mit seinen (Beton-)Bänken gut für eine Rast (km 5,2).

Supermarkt, Minimarkt und Bäckerei in Mirtos

schöner Strand in Mirtos

Die Wanderung ist gut für Kinder geeignet, aber die überwiegenden Schotterwege bieten nicht allzu viel Abwechslung, außerdem gibt es kaum Schatten.

Auch für Hunde mittelmäßig; die Strecke ist gut geeignet, aber es gibt wenig Schatten, dafür unterwegs eine Wasserquelle.

P großer gebührenfreier Parkplatz am Ortseingang von Mirtos

Busverbindung von Ierapetra nach Mirtos Mo-Fr 6:30, 8:30, 12:30, 14:30, 17:00; Abfahrten ab Mirtos 7:00, 9:00, 13:00, 17:20 (einfache Fahrt € 2,50), www.ktelherlas.gr. Die Haltestelle in Mirtos befindet sich dicht an der Hauptstraße in der Nähe des großen Parkplatzes.

CreteTaxiTransfer in Ierapetra, 69 38 64 56 34, www.cretetaxitransfer.gr (einfache Fahrt von Ierapetra nach Mirtos € 20)

Vom Hotel Mirtos wandern Sie westwärts zur Kreuzung und weiter geradeaus (Schild Richtung Tertsa).

✕ Hotel/Restaurant Mirtos, ☏ 28 42 05 12 27, 💻 www.myrtoshotel.gr, März bis November täglich 7:00-2:00

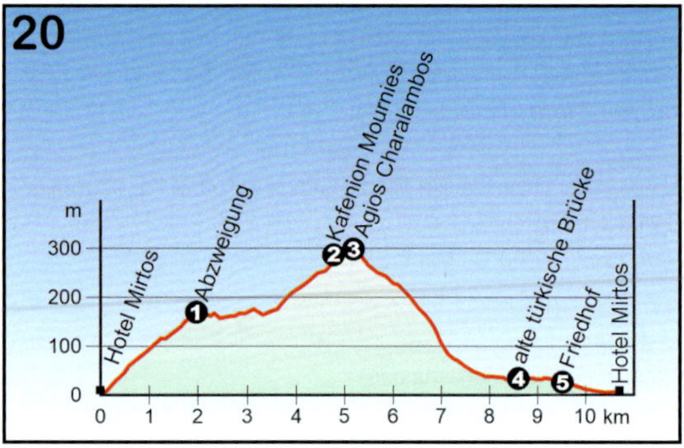

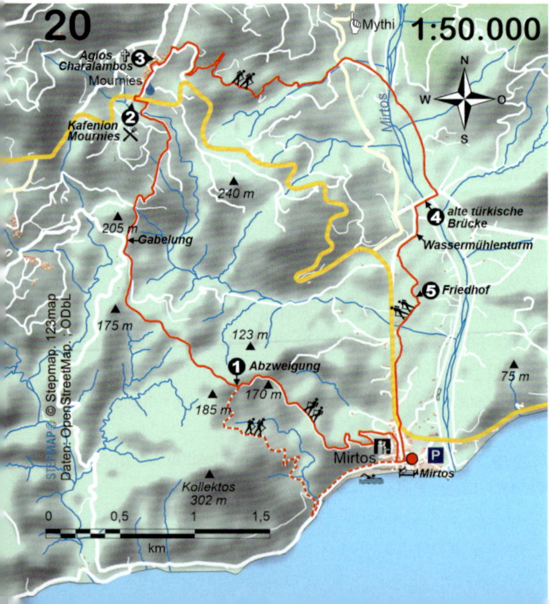

Nach 35 m biegen Sie bei der nächsten Kreuzung rechts in die Asphaltstraße ab und folgen dieser leicht ansteigend hinaus aus dem Dorf.

Bei einer Gabelung 40 m nach einer Linkskurve gehen Sie links aufwärts (Schild „Mirtopolis apartments"). Beim Beginn des Betonbelags (km 0,6) bieten sich schöne Blicke über Mirtos und den Strand. Nach dem Passieren der Mirtopolis-Apartments wandelt sich die Straße in einen Schotterweg. Vor Ihnen erhebt sich der konisch geformte Berg Kollektos. Der mit roten Punkten markierte Weg führt durch eine Karstlandschaft. Nach 1 km erreichen Sie eine rechte Abzweigung ❶ (km 2), der Sie in nordwestliche Richtung folgen.

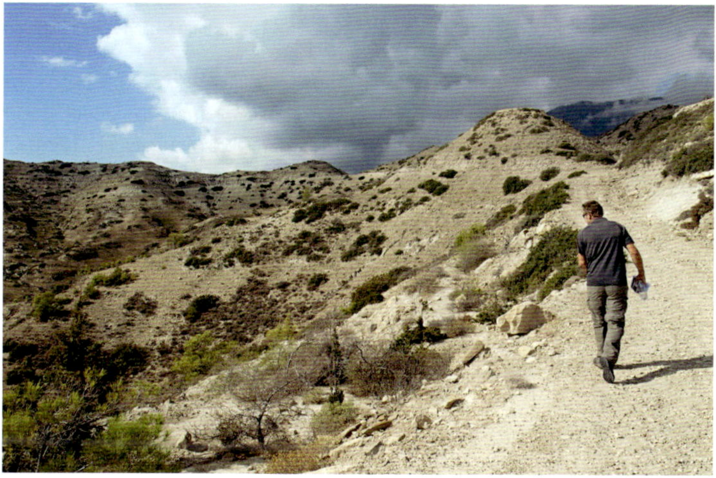

Erodierter Weg durch Karstlandschaft

Abkürzungsmöglichkeit (➲ bis Mirtos 2,4 km, ca. 40 Min., ↑ ↓ 30 m/ 175 m)

Wenn Sie eine kürzere Rundwanderung bevorzugen, gehen Sie geradeaus, statt rechts abzubiegen und folgen dem Weg 1,6 km abwärts zur Küstenstraße Mirtos – Tertsa, der Sie links zurück nach Mirtos folgen.

Der breite Weg nach der rechten Abzweigung führt Sie landeinwärts; vor Ihnen tauchen zwei Dörfer auf; rechts ist Mournies, Ihr Ziel. Nach 1,2 km ignorieren Sie bei einem gebrochenen Betonwasserbecken eine scharfe Kurve nach rechts, indem Sie geradeaus wandern. Nach 180 m gehen Sie vor einer Asphaltstraße bei einer Gabelung nach rechts (km 3,4). Ab hier ist der Weg mit blauen Dreiecken markiert. Die Schotterstraße führt aufwärts, ehe Sie nach 250 m bei einer Abzweigung nach rechts und aufwärtsgehen. Gleich darauf beachten Sie den rechts abzweigenden Weg nicht. Sie wandern aufwärts und ignorieren Abzweigungen, wenn der Weg stellenweise betoniert ist. Bei einem Wasserhydranten nach 500 m beachten Sie den rechts abzweigenden Pfad nicht und gehen geradeaus auf dem jetzt wieder betonierten Weg. Nach 450 m erreichen Sie die Hauptstraße und folgen dieser 100 m nach links zum Kafenion Mournies ❷ (km 4,8).

Taverne/Kafenion Mournies, 69 79 02 53 85, ganzjährig täglich 7:30-14:00 und 17:00-0:00

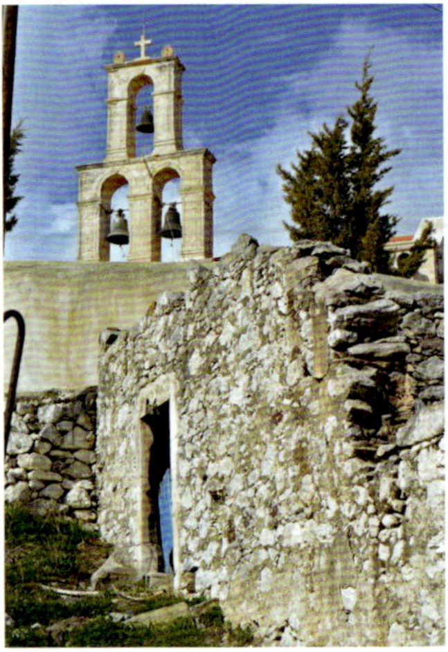

Die Kirche Agios Charalambos

Von der Hauptstraße biegen Sie scharf rechts in das Dorf **Mournies** ab. Die bald kopfsteingepflasterte Straße führt Sie nach 200 m in die Dorfmitte mit einem Brunnen auf der rechten Seite. Bei dem kleinen Platz mit einem Denkmal an den Zweiten Weltkrieg folgen Sie der gepflasterten Straße nach links zur 1876 erbauten Kirche Agios Charalambos ❸ (km 5,2).

tolles Panorama, bis zur Insel Chrissi

Weiter geht es von der Panoramaseite der Kirche entlang einer schmalen Allee mit Stromleitung abwärts zur gepflasterten Hauptstraße des Dorfes. Hier biegen Sie nach rechts und gleich danach nach links ab, um der gepflasterten Straße hinaus aus dem Dorf zu folgen. 50 m nach Beginn des Asphaltbelags biegen Sie rechts in eine Betonstraße ab und zweigen nach 350 m scharf links ab (blaues Dreieck) – 50 m vor der asphaltierten Straße. Sie folgen dem Weg mit einigen steilen Abstiegen für 1,5 km und ignorieren linke Abzweigungen. Bei einer T-Kreuzung halten Sie sich links und gehen auf die Gewächshäuser zu. Sie queren die Asphaltstraße Mirtos – Mythi (km 7,4) und folgen der Straße 250 m entlang mehrerer Gewächshäuser. Sie ignorieren eine Abzweigung nach links und wandern zum Flussbett des Mirtos. Nach dessen Querung gehen Sie entlang des Hauptweges mit dem Flussbett auf der rechten Seite, vorbei an weiteren Gewächshäusern.

Bei einer T-Kreuzung biegen Sie nach rechts ab und wandern über die alte türkische Brücke ❹ (km 8,7), erbaut 1882 in der türkischen Periode nach Plänen eines Architekten aus dem nahen Dorf Gdochia an der Stelle, wo ein alter Handelsweg den Mirtos querte. 50 m nach der Brücke biegen Sie links in eine Asphaltstraße ab und ignorieren nach 75 m eine linke Abzweigung. Nach 130 m fällt der Blick auf den gut erhaltenen Turm einer Wassermühle (km 9).

Wassermühlen Kretas

Von den einst vielen Wassermühlen Kretas sind heute viele verfallen und von Pflanzen überwuchert. Erstmals erwähnt wurden die Mühlen in der zweiten byzantinischen Periode (961-1211), in venezianischer Zeit (13./14. Jh.) boomten sie. Die Wassermühlen standen einzeln oder in Gruppen nahe von Siedlungen und wurden wegen des hohen Aufwands von Klöstern oder Städten erbaut und von Bediensteten oder Pächtern verwaltet. Erhalten sind heute oft die Kanäle für den Wassertransport und die zylindrischen Wassertürme.

200 m nach der Wassermühle biegen Sie links in einen schmalen Weg mit dem Schild „route 4 Mirtos" ab. Dieser Weg führt Sie am Friedhof von Mirtos vorbei ❺ (km 9,6). 250 m nach dem Friedhof bzw. 30 m vor der Hauptstraße zweigen Sie nach links ab und erreichen nach weiteren 250 m die Hauptstraße, der Sie links folgen. In einer linken Kurve der Hauptstraße wandern Sie geradeaus nach Mirtos und halten sich in der Ortsmitte beim Supermarkt links, um wieder das Hotel Mirtos zu erreichen.

Mirtos Market, ☏ 28 42 05 15 80, täglich 8:00-21:00

Wanderdorf Mirtos

Entlang des Weges fallen verschiedene Wandermarkierungen auf, ergänzt durch entsprechende Infotafeln im Dorf Mirtos. Diese sind das Ergebnis einer lokalen Initiative zur Vermarktung des Dorfes und der Umgebung als Wandergebiet, damit Besucherinnen und Besucher mehr als nur den Strand entdecken. Die aus Österreich stammende einheimische Bergwanderführerin Angela Sturmayr (www.walkingdimension.com) hat mit Unterstützung von Villa Mertiza mehrere Wanderrouten markiert.

Seit 2015 ist ein kleiner Wanderführer für diese Region in deutscher Sprache erhältlich („Entdecke Mirtos... zu Fuß"), der 8 Wandertouren in dieser Region beschreibt. www.discoveronfoot.com

21 Durch den Selakano-Wald

Tour für Natur- und Ruhesuchende

Weit weg vom geschäftigen Treiben liegt das einsame Dorf Selakano auf einer Höhe von 900 m an der Ostseite des Dikti-Gebirges. Das Gebiet ist bekannt für seinen Kiefernwald, der größte Ostkretas, und beliebt bei Imkern, die ihre Bienenstöcke zur Zeit der Kiefernblüte (Juli-September) hinaufbringen. Selakano hat einige Ferienhäuser, überwiegend für Bewohnerinnen und Bewohner der Stadt Ierapetra. die hier Ruhe und frische Luft tanken sowie Gemüse in ihren Gärten anbauen. Sie wandern durch beeindruckende und beschattete Landschaften mit tollen Blicken auf das Dikti-Gebirge.

Start/Ziel: kleiner Platz in Selakano mit der Infotafel zum Fernwanderweg E4, GPS N 35°05.556' E 025°32.749'

8,9 km

3 Std. 30 Min.

490 m/490 m

883-1.218 m

rote Punkte entlang des ganzen Weges und E4-Markierungen am Schluss sowie einige hölzerne Wegweiser

überwiegend Wanderpfade und ein kleines Stück Schotterstraße

In Selakano Kafenion 50 m vom kleinen Platz am Start entfernt sowie Taverne am Anfang des Dorfes. Unterwegs gibt es zwei kleine Brunnen mit trinkbarem Wasser (km 1,8 und 5,5).

Es gibt keine Bänke, aber schöne Aussichtspunkte mit Felsen als Sitzgelegenheit, die zur Pause einladen (km 3,3, km 5), sowie viele weitere nette, beschattete Pausenplätze.

Diese großteils im Schatten verlaufende Wanderung ist gut für Kinder geeignet, aber Vorsicht vor Bienen (s. u.).

Wegen des Schattens sowie einiger Wasserstellen entlang der Straße bietet sich die Tour für Vierbeiner an, die aber an der Leine geführt werden sollten – vor allem nahe den Bienenstöcken.

P freies Parken auf dem kleinen Platz in Selakano

keine Busverbindung

Von Juli bis September gibt es viele Bienenstöcke in der Region, die bei der Wanderung vor allem am Anfang und Ende passiert werden. Seien Sie vorsichtig und halten Sie einen Mindestabstand von rund 25 m ein!

Für eine Einkehr bietet sich neben dem Kafenion, das Sie später passieren, folgende Taverne am Anfang des Ortes an.

Taverne/Café Pezoulia, ☏ 28 42 08 95 00, 69 45 39 08 00, www.pezoulia.gr, April-September täglich 12:00-22:00, Oktober-März Fr-So 12:00-22:00

Selakano-Wald – wichtiges Ökosystem und Bienenparadies

Der Selakano-Wald im südlichen Teil des Dikti-Gebirges ist von vier Gipfeln umgeben: Lazaros (2.085 m), Spathi (2.148 m), Afendis Christos (2.141 m,) und Psari Madara (2.090 m). Dominierend sind Kiefern (*Pinus brutia*), die als vorherrschende, weitgehend trockenheitsresistente Bäume sechs Monate ohne Niederschlag überstehen können und in unterschiedlichen Böden und Felslandschaften wachsen. Mit seinen weiteren Arten – darunter Kermeseichen, Platanen, kretischer Ahorn, Zypressen – gilt der Selakano-Wald als eines der wichtigsten Ökosysteme Kretas. In der Blütezeit der Kiefern (Juli-September) ist der Wald voller Bienen(stöcke).

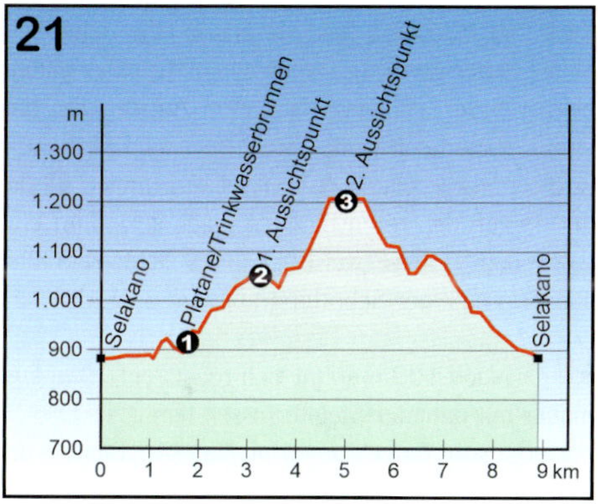

Vom kleinen Platz mit Parkgelegenheit in Selakano passieren Sie die Infotafel zum E4-Fernwanderweg und gehen auf die kleine Kirche zu. Nach 40 m erkennen Sie rechts das kleine Kafenion Stella.

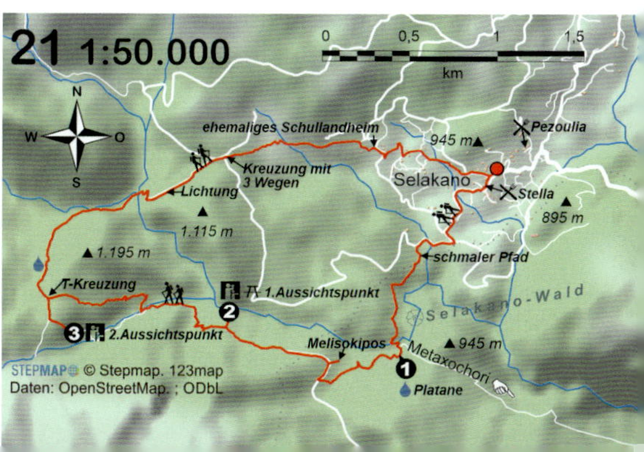

Kafenion Stella (auch Kleinigkeiten zum Essen), 69 45 77 00 55, April-Oktober täglich 7:30-21:00

Kurz darauf schwenkt die Betonstraße nach rechts und Sie erkennen rote Punkte und einen Pfeil. Sie folgen dieser Straße aus dem Dorf heraus entlang schöner Zypressen und gehen bald auf Schotter statt Beton. Nach 5 Minuten halten Sie sich bei einer T-Kreuzung links und nach 100 m bei der nächsten T-Kreuzung rechts. In der Ferne sind die Berge erkennbar.

Nach 250 m schwenkt die Straße nach rechts, hier biegen Sie links ab (rote Punkte und Pfeil).

Sie bleiben zunächst auf diesem breiten Waldweg und biegen nach 150 m rechts in einen schmalen Pfad ab, markiert mit roten Punkten und einem Holzschild (km 1). Die orangen Punkte beachten Sie nicht – diese gehören zu einem Waldlauf („Selakano Trail Running"), der jährlich in dieser Region veranstaltet wird. Der Pfad führt bald abwärts in eine kleine Schlucht, die Sie auf der anderen Seite wieder verlassen. Nach einem Teilstück mit vielen Kermeseichen queren Sie eine weitere Schlucht. Nach dem Aufstieg auf der anderen Seite erreichen Sie eine Gabelung bei einer Stelle namens „Skafidia" mit einer großen Platane zur Rechten sowie einem Trinkwasserbrunnen ❶ (km 1,8). Sie halten sich rechts und folgen den roten Punkten (nach links führt ein Pfad zum Dorf Metaxochori) sowie dem Holzwegweiser „Kalyves". Der Pfad führt links von der Schlucht leicht aufwärts zu einer Schotterstraße (km 2,3), der Sie nach rechts folgen.

Nach 100 m lohnt sich rechts ein 10 m kurzer Abstecher zu einer Steinmauer mit dahinter Steinterrassen (km 2,4). Diese ehemalige Imkerei heißt Melisokipos, vom Griechischen *melissa* (= „Biene") und *kipos* (= „Garten").

Weiter geht es entlang der Schotterstraße, die sich nach 5 Minuten zu einem Pfad verengt (km 2,9). Nach 400 m erreichen Sie den ersten Aussichtspunkt mit einem Holzschild ❷ (km 3,3).

schöner aussichtsreicher Rastplatz (Felsen zum Sitzen) mit schönen Blicken über den Wald zum Dikti-Gebirge

Kurz nach diesem Aussichtspunkt gehen Sie in Serpentinen abwärts, ehe es wieder hinaufgeht – der längste Anstieg dieser Tour. Bei einer Gabelung mit dem Schild „Spyridou Harak" (km 3,9) halten Sie sich rechts und wandern aufwärts, um bei der folgenden T-Kreuzung (km 4,7) – die Sie später wieder passieren wer-

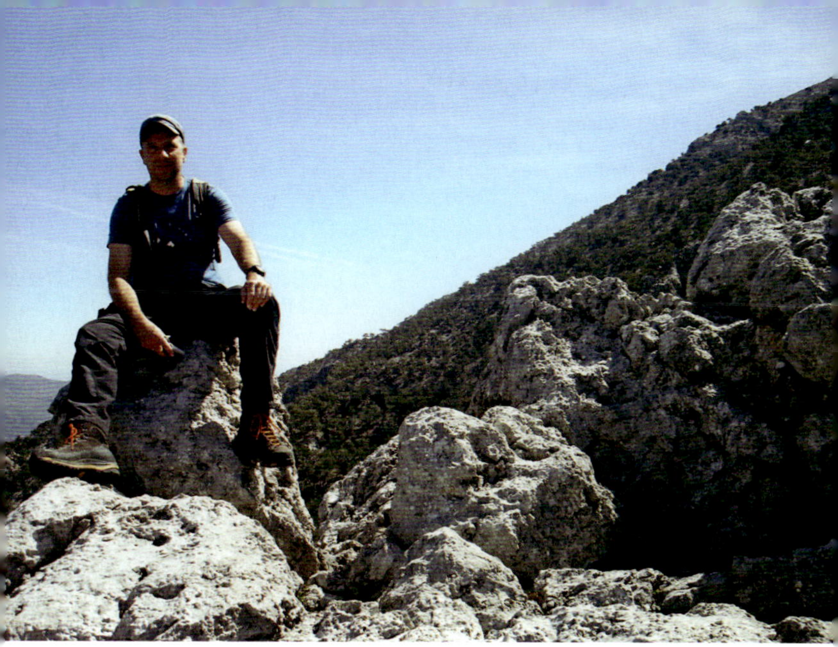

Pause am Aussichtspunkt

den – dem hier nicht mit roten Punkten markierten Pfad links zum zweiten Aussichtspunkt zu folgen. Bei einer Kreuzung nach 120 m gehen Sie links Richtung „viewing point" auf einem Pfad mit nett gesetzten Steinen auf beiden Seiten weiter und kommen nach 150 m zum zweiten Aussichtspunkt ❸ (km 5, ⇧ 1.217 m).

Nach dem Genuss des atemberaubenden Ausblicks kehren Sie zurück zur Kreuzung und gehen dort rechts wieder zur T-Kreuzung von km 4,7, wo Sie dem Pfad mit roten Punkten geradeaus abwärts folgen, vorbei an einer kleinen Wasserquelle zur Linken (km 5,5). Sie queren auf dem Pfad das Flussbett. Links erhebt sich eine beeindruckende Felswand. Nach mehreren Querungen des Flussbettes geht es wieder aufwärts mit schönen Blicken zurück auf das Tal und die steile, rötlich gefärbte Felswand.

Sie erreichen eine große Lichtung im Wald, wo im Sommer oft viele Bienen umherschwirren (km 6,6). Kurz darauf geht es weiter auf einer breiten Schotterstraße, rechts vorbei an einem Wasserreservoir aus Beton. 100 m danach halten Sie sich bei einer T-Kreuzung rechts und nehmen nach 50 m bei einer Kreuzung mit drei Straßen die mittlere. Ab hier ist der Weg nicht nur mit roten Punkten,

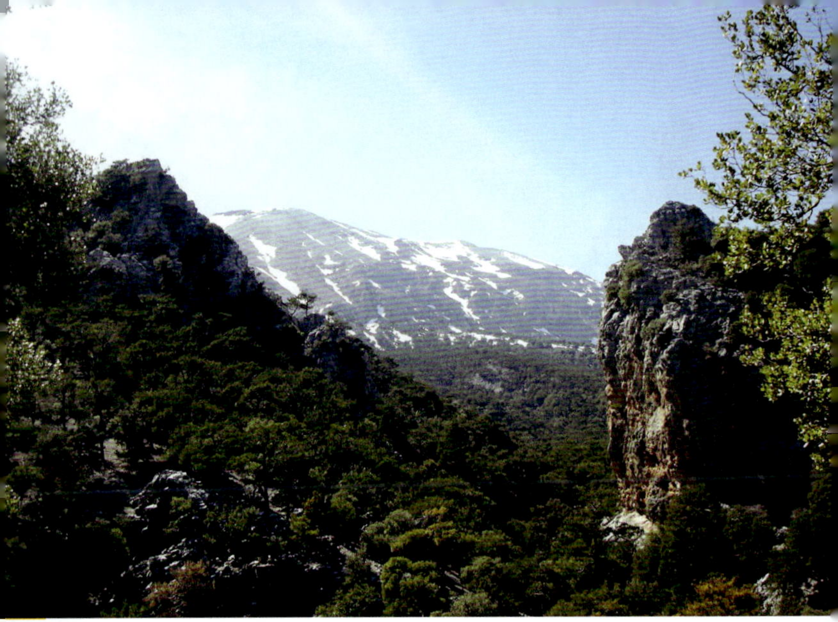

Rote Felswand

sondern auch mit E4-Wegweisern markiert. Bei der nächsten Gabelung halten Sie sich links (E4) und biegen kurz darauf rechts in einen erodierten Pfad ab (E4 und rote Punkte), dem Sie bei einer Kreuzung geradeaus folgen. Nach 200 m geht der steinige Pfad in einen breiteren Geröllweg über. Möglicherweise müssen in diesem oft mit Schafen belebten Gebiet mehrmals Gatter aus Holzpaletten geöffnet (und wieder geschlossen) werden. Sie passieren ein Metallgatter mit E4-Logo und folgen dem schmalen Pfad abwärts zum verlassenen Gebäude eines ehemaligen Schullandheims (km 7,9). Sie sind jetzt am Anfang von Selakano und folgen der betonierten Straße abwärts, um nach 80 m bei einer T-Kreuzung links abzubiegen.

Bei einem kleinen Wohncontainer führt Sie der schmale Pfad rechts abwärts (rote Punkte). Bei einer T-Kreuzung gehen Sie links entlang der Betonstraße abwärts und an deren Ende geradeaus auf dem Pfad, der nach 150 m bei Häusern endet. Hier gehen Sie geradeaus entlang der Schotterstraße und erreichen nach 130 m den kleinen Platz von Selakano mit dem Kafenion von Stella zur Rechten. Links geht es auf der Betonstraße zurück zum Startpunkt.

22 Von Anatoli nach Timios Stavros

Tour für Gipfelstürmerinnen und Gipfelstürmer

Ausgangspunkt dieser Tour ist das authentische Bergdorf Anatoli. Typisch für diese eher unbekannte, aber sehenswerte Landschaft sind die Kiefern sowie markante Felsformationen. Höhepunkt der nicht allzu langen Wanderung ist ein schöner Gipfel mit atemberaubendem Ausblick. Wie so oft finden Sie dort eine dem heiligen Timios Stavros geweihte Kapelle.

- Start/Ziel: Kriegsdenkmal in Anatoli, hier finden Sie ein kleines gelbes Schild zur Tour („Stavros 60 min"), GPS N 35°02.710' E 025°38.441'.
- 8,9 km (mit Abkürzung 6,8 km)
- 3 Std.
- ↑↓ 415 m/415 m
- 637-958 m
- gelbe Punkte und einige kleine Metallschilder
- schmale Pfade und Schotterstraßen
- kleines Kafenion/Taverne mit Kleinigkeiten an der rechten Seite der Hauptstraße nahe dem Startpunkt
- nette Sitzgelegenheit am Gipfel bei Timios Stavros (km 2,6) sowie etwas weiter entlang der Route zwei Bänke unter schattigen Kiefern (km 3)
- Diese nicht zu lange und eher einfache Wanderung ist gut für Kinder geeignet, zumal sie tolle Ausblicke bietet sowie die Möglichkeit für eine Abkürzung.
- möglich mit Hunden, aber wegen häufiger Hitze und Wassermangel vielleicht eher kein Vergnügen für Vierbeiner
- P: Freies Parken entlang der Straße am Startpunkt. Anfahrt: Sie fahren in das Dorf Gra Lygia (von Ierapetra 4, von Mirtos 10 km). Dort folgen Sie dem Wegweiser Richtung Anatoli. Von hier sind es 12 km zum Start der Wanderung.
- keine Busverbindung

An der Hauptstraße zum Dorf Kalamafka gibt es eine kleine Taverne.

Taverne Manolis, Epar.Od. Kalou Choriou – Metaxochoriou, ☎ 28 42 04 11 70, variierend

Vom Kriegsdenkmal in Anatoli folgen Sie neben der alten Bushaltestelle der Betonstraße aufwärts (gelber Wanderwegweiser: „Stavros 60 min"). Nach 250 m

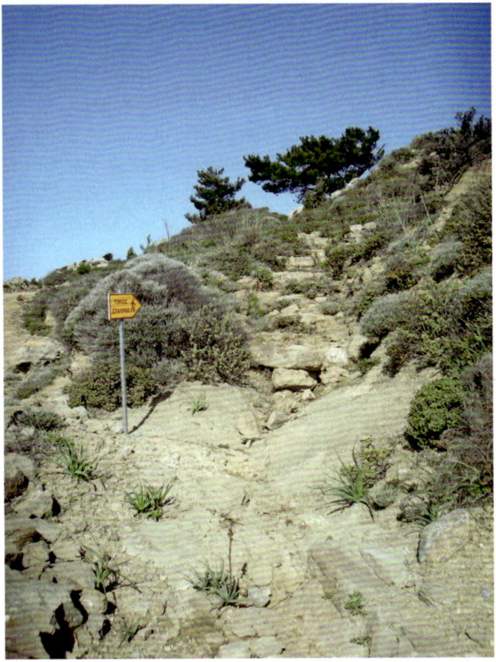

Pfad mit Wegweiser zur Kapelle Timios Stavros

halten Sie sich nach traditionellen Steinhäusern links. Nach 30 m bleiben Sie bei der Villa „M“ auf der linken Seite links auf dem steinigen Weg. Sie folgen dem Hauptweg mit gelben Punkten und halten sich bei zwei Gabelungen links. 70 m nach der zweiten Gabelung biegen Sie rechts in einen Pfad mit kleinem Wegweiser ab (km, 0,6). Dieser Pfad führt leicht aufwärts, ehe Sie nach 150 m bei einem Schotterweg nach links abbiegen. Bei der folgenden Kreuzung nach wenigen Metern gehen Sie geradeaus (von rechts werden Sie später zurückkommen). Nach 200 m biegen Sie wieder rechts in einen Pfad mit Wegweiser ein, der Sie vorbei an vielen Kiefern leicht aufwärtsführt. Nach 20 Minuten passieren Sie zur Linken einen alten Dreschkreis (km 1,8). In dieser Gegend ist gut zu erkennen, wie schnell sich die Natur erholen kann, nachdem hier 1994 ein Feuer große Teile dieses Gebietes verwüstet hat. Überall wachsen neue kleine Kiefern aus Keimlingen, ohne von Menschenhand gesetzt worden zu sein.

Sie folgen dem bald ansteigenden Pfad und erreichen nach 400 m eine Betonstraße, die Sie diagonal queren, um auf der anderen Seite dem jetzt steiler ansteigenden Pfad zu folgen. Nach 200 m ist der Timios-Stavros-Hügel erklommen, wo Sie rechts abbiegen und dem breiten Weg um den Gipfel mit dem großen Kreuz und der kleinen, weißen ✝ Kapelle ❶ (km 2,6, ⇧ 958 m) folgen. Am 14.9., dem Namenstag des Heiligen, ist hier jedes Jahr eine große Feier.

Von der anderen Seite können Sie wieder zurück zum Pfad und abwärts zur Betonstraße gehen, der Sie rechts folgen. Nach 150 m passieren Sie zwei Bänke unter großen Kiefern (km, 3). Sie folgen der Straße – jetzt mit Kies als Unterlage – und halten sich nach 200 m bei einer T-Kreuzung rechts. Nach 300 m nehmen Sie die erste Abzweigung nach rechts und biegen bei der folgenden T-Kreuzung wieder nach rechts ab. Sie folgen der Betonstraße und ignorieren nach 350 m eine scharfe Abzweigung nach links. Nach 250 m zweigen Sie bei der nächsten Abzweigung scharf nach links ab ❷ (km, 4,2).

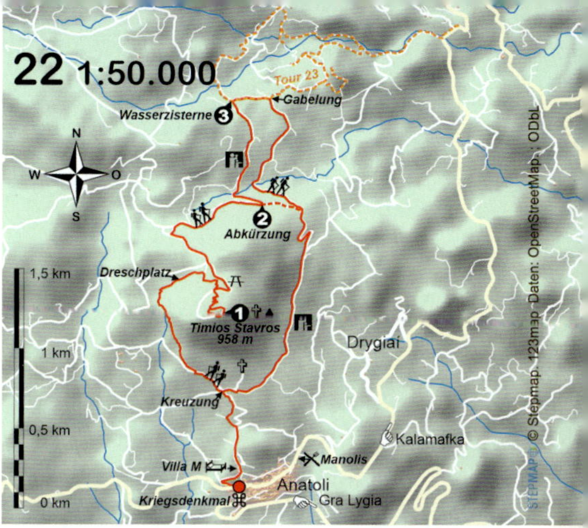

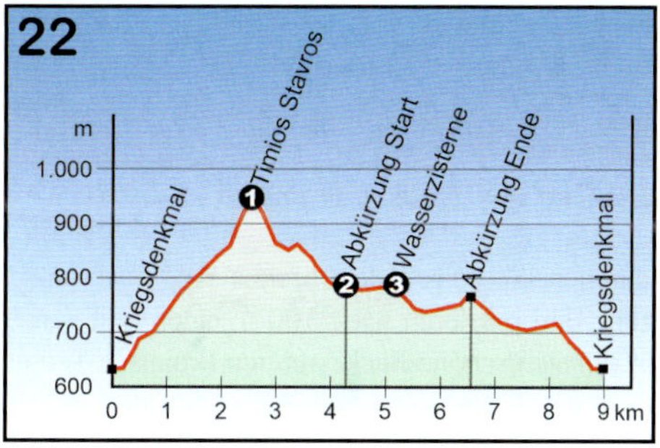

> Als Abkürzung (➲ 2,1 km weniger) können Sie an diesem Punkt 250 m geradeaus gehen und erreichen die Route wieder bei km 6,5.

Nach der scharfen linken Abzweigung sorgen schöne Ausblicke und markante Felsformationen für Abwechslung. Nach 300 m ignorieren Sie eine linke Abzweigung und nehmen 900 m nach der Abkürzung die erste Abzweigung nach rechts. Kurz vor Ihnen ist links eine Wasserzisterne aus Beton erkennbar ❸ (km 5,1).

Sie folgen diesem schönen Weg und beachten linke Abzweigungen nicht. Nach 700 m gehen Sie bei einer Gabelung rechts aufwärts. Nach 600 m erreichen Sie einen breiten Weg (km 6,5) – von rechts würden Sie von der Abkürzung

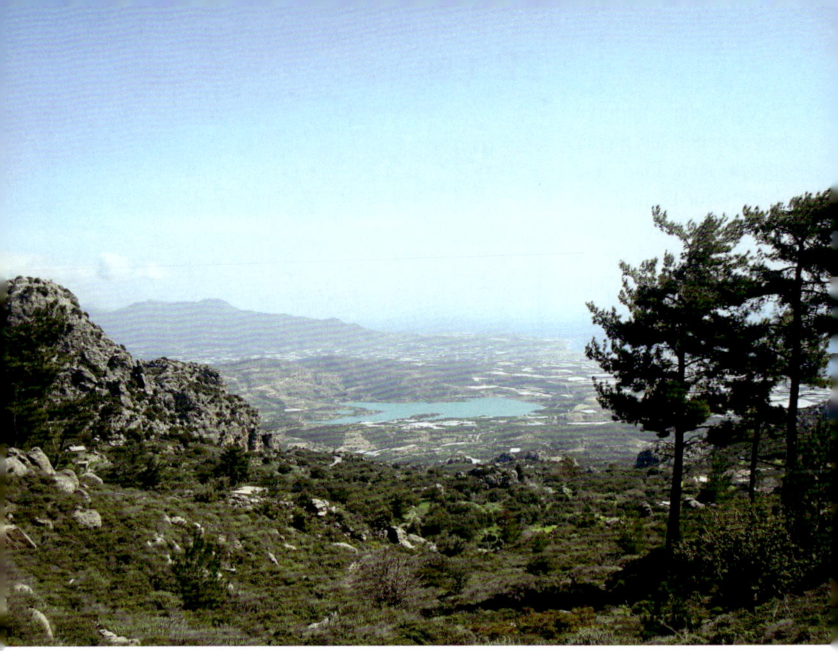

Blick auf den Stausee Bramiana

kommen. Sie folgen dem breiten Weg nach links, ignorieren eine linke Abzweigung und passieren nach 500 m einen weiteren Dreschkreis (km 7). Unterwegs bieten sich schöne Blicke auf den Bramiana-See und die Stadt Ierapetra.

Nach 1 km ignorieren Sie rechts den zu einer kleinen Kapelle führenden Betonweg und biegen nach 100 m bei einer Kreuzung links auf den Weg ab, auf dem Sie vorher gekommen sind. Nach kurzem Abstieg nehmen Sie bei einem Wegweiser rechts den Pfad und nach dessen Ende links den Schotterweg. Abzweigungen nach links beachten Sie nicht. Bald passieren Sie wieder die Villa „M" und folgen der Betonstraße zurück zum Startpunkt der Tour.

23 Havgas-Schlucht und byzantinische Kapellen

Tour für Landschafts- und Kulturbegeisterte

Eine Wanderung muss nicht lang und schwierig sein, um zu beeindrucken. Und genau das trifft auf diese Tour zu! Sie wandern durch die schöne und kurze Havgas-Schlucht, passieren kleine byzantinische Kapellen und genießen beeindruckende Felsformationen genauso wie fantastische Ausblicke. Außerdem lohnt das nahe Dorf Kalamafka einen Besuch mit mehreren Einkehrgelegenheiten.

Start/Ziel: Friedhof von Kalamafka, etwa 1 km vom Dorfzentrum entfernt, GPS N 35°04.265' E 025°39.343'

5,9 km

2 Std. 30 Min.

330 m/330 m

536-774 m

blaue, gelbe und rote Punkte sowie Pfeile

Schotterstraßen, Pfade und zur Kapelle Timos Stavros steiler Pfad aufwärts

mehrere Cafés und Restaurants in Kalamafka; Brunnen mit Wasserhahn bei Agios Georgios

schöner schattiger Platz mit Bänken bei den Kapellen Agios Georgios (km 1,6) und Panagia (km 4,6).

Minimarkt Platia in der Dorfmitte von Kalamafka

interessante und abwechslungsreiche Tour für Kinder; nicht zu lang, mit schmalen Pfaden durch eine kleine Schlucht

Hunde werden einige schattige Plätze zu schätzen wissen – und in der Schlucht oder beim Brunnen von Agios Georgios Wasser zu trinken finden.

P Die Straße beim Friedhof bietet genug Platz zum Parken. Anfahrt: Von Ierapetra kommend fahren Sie Richtung Mirtos und folgen dem Schild nach Kalamafka. In Kalamafka fahren Sie durch das Dorf und halten sich links Richtung Anatoli und Males. Am Ende des Dorfs ist auf der rechten Seite der Friedhof.

keine Busverbindung

☺ Einen Blick auf und Bummel durch **Kalamafka** sollte man sich nicht entgehen lassen! Das Dorf ist bekannt für seinen Wasserreichtum und die einzigartigen Kalksteinformationen. Der Felsen Kastellos in Kalamafka kann vom Dorfplatz über

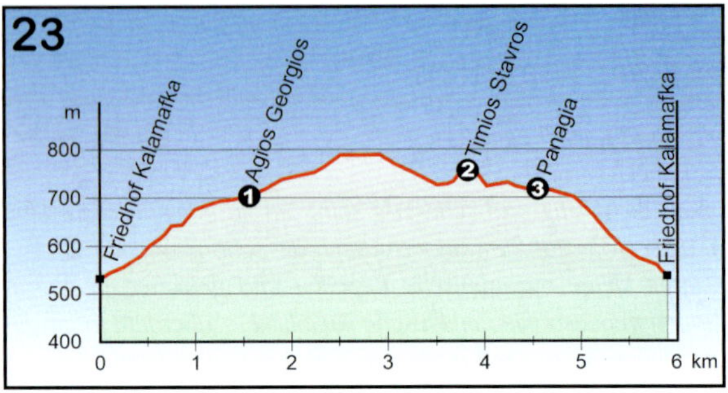

230 steinige Stufen erklettert werden, die zu einer beeindruckenden Höhle mit der Kapelle des Timios Stavros führen.

Empfehlenswerte Tavernen abseits des Weges im nahem Ort Kalamafka sind Oasis und Panorama.

Taverne Oasis, Epar.Od. Kalou Choriou – Metaxochoriou 54, 69 71 93 21 87, ganzjährig täglich 7:00-0:00

Taverne Panorama, Epar.Od. Kalou Choriou (dieselbe Straße, aber keine Hausnummer), 28 42 09 24 59, ganzjährig täglich 8:00-23:00

Vom Friedhof wandern Sie entlang der Straße Richtung Anatoli und ignorieren die erste Abzweigung nach rechts (Richtung Kissos und Saint George). Sie queren auf einer Brücke das Flussbett, biegen nach rechts ab und erkennen ein Schild und eine Infotafel zum Wanderweg. Sie folgen dem Schotterweg entlang des Flussbettes aufwärts. Nach 450 m biegen Sie in einer scharfen Linkskurve des Weges (km 0,6) beim kleinen Schild „Holy Cross church“ nach rechts in einen mit blauen Punkten markierten Pfad ab.

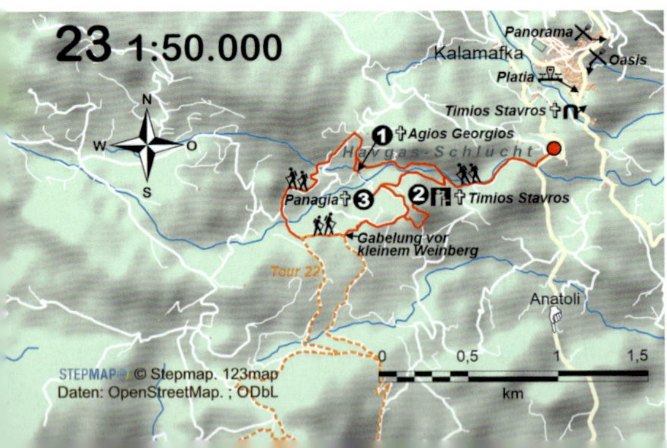

Der Pfad führt leicht aufwärts in die grüne Havgas-Schlucht. Nach 200 m zweigen Sie nicht links ab (von dort werden Sie zurückkommen), sondern gehen geradeaus mit dem Flussbett auf der rechten Seite weiter – jetzt begleitet von gelben Markierungen! An einigen Stellen kann der Pfad etwas zugewachsen sein. Bald queren Sie den Fluss und bemerken zur Linken einen kleinen Wasserfall (km 0,8).

Kleiner Wasserfall in der Havgas-Schlucht

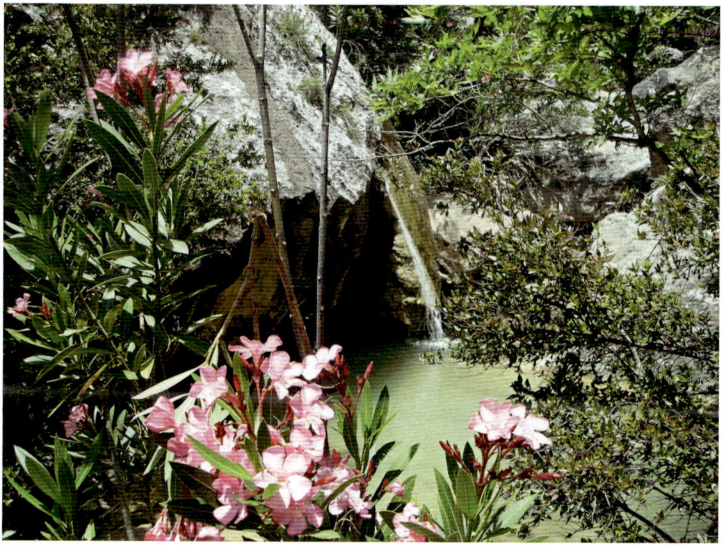

Der Pfad steigt zunächst an, ehe er steil hinabführt. Links bietet sich ein toller Blick auf beeindruckende Felsformationen – auf dem Gipfel dieses Berges befindet sich die Kapelle des Timios Stavros, die Sie später ansteuern werden. Sie folgen dem Pfad mit seinen gelben sowie roten Punkten. Bei einem Olivenhain biegen Sie nach rechts (Markierung). Auf der anderen Seite des Olivenhains wird der Weg breiter. Vor Ihnen erscheint die Kapelle Agios Georgios. Sie passieren einen weiteren Olivenhain. Ein weiter Weg führt steil aufwärts, ehe Sie eine T-Kreuzung mit einer Betonstraße erreichen, wo Sie sich links halten und nach 120 m die Kapelle Agios Georgios ❶ (km 1,6) mit interessanten Fresken im Inneren erreichen.

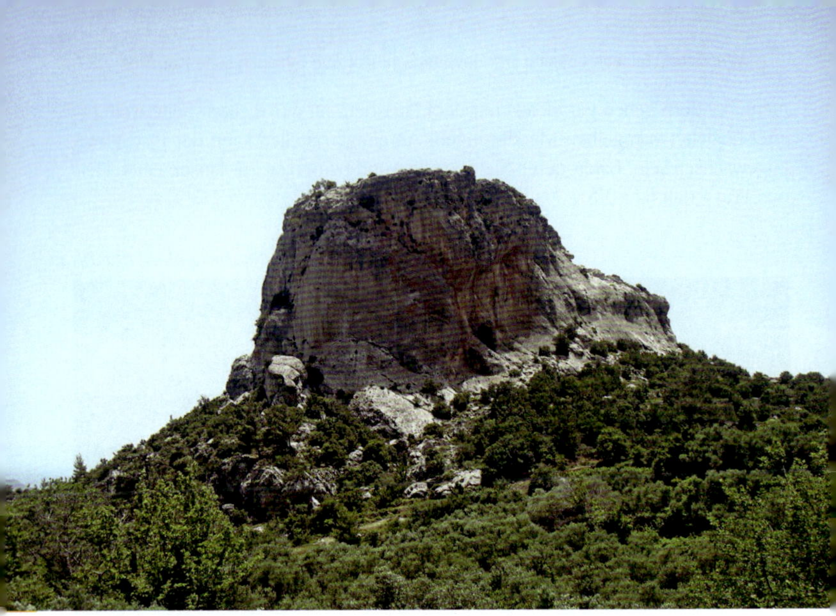

Spektakuläre Felswand (oben befindet sich Timios Stavros)

✝ Die einschiffige Kapelle Agios Georgios hat im Inneren gut erhaltene Wandmalereien aus dem 13. und 14. Jh. Vermutlich diente die Kapelle früher als Konvent, denn Mauerruinen deuten auf mögliche Mönchszellen hin.

Sie kehren zurück zur Betonstraße und biegen nach 300 m in eine Schotterstraße zur Linken ab. Nach 250 m ignorieren Sie die erste Abzweigung nach links und wandern geradeaus leicht aufwärts. Nach 500 m halten Sie sich bei einer Gabelung links und nach 200 m bei einigen Kiefern noch einmal links. Der Weg führt abwärts, ehe Sie nach 250 m eine Gabelung vor einem kleinen Weinberg erreichen (km 3,1).

Sie biegen nach links ab, halten sich nach 80 m bei einem Wasserhydranten auf der rechten Seite wieder links und erkennen nach wenigen Metern rechts eine große Steinmauer. Hier folgen Sie dem überwachsenen Pfad links neben der Steinmauer und biegen nach 100 m rechts in eine breite Schotterstraße ein, die bald betoniert ist. Nach 100 m ignorieren Sie eine rechte Abzweigung und biegen nach weiteren 80 m vor der hohen Felswand in einer Linkskurve nach rechts ab. Diesen Punkt werden Sie später nach dem Abstieg vom Timios Stavros wieder erreichen. Gelbe und blaue Punkte weisen den Weg in das Feld. Nach 100 m folgen Sie dem Pfad zur Linken, markiert mit blauen Punkten, der Sie auf den Gipfel des Berges führt mit der ✞ Kapelle Timios Stavros ❷ (km 3,8, ⇧ 758 m).

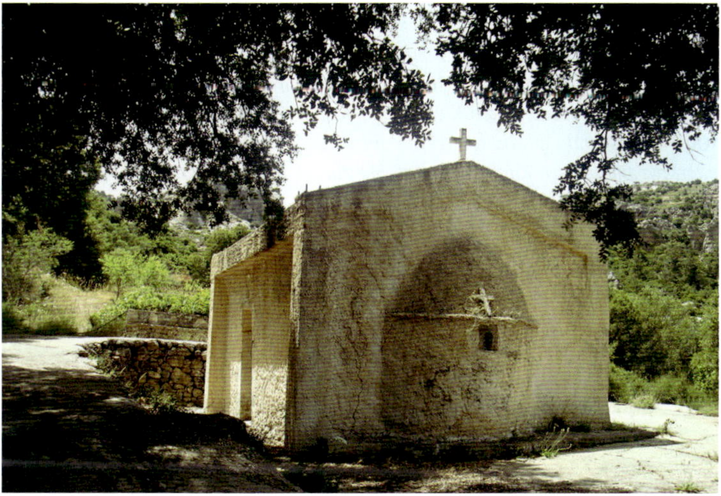

Die Kapelle Panagia

Vom Gipfel bieten sich tolle Weitblicke – mit dem Bramiana-See, Ierapetra und vielen Gewächshäusern in der Ferne.

Sie gehen auf demselben Weg zurück zur Schotterstraße, folgen dieser rechts entlang der glatten Felswand des zuvor bestiegenen Berges und ignorieren alle abzweigenden Wege. Am Ende erwartet Sie die angenehm beschattete ✞ Kapelle Panagia ❸ (km 4,6). Sie gehen wieder zurück und folgen nach 120 m bei der Gabelung links dem steinigen Weg abwärts, markiert mit roten Punkten. Nach 160 m biegen Sie rechts in einen Pfad entlang der beeindruckenden Felswand ab. Dabei bieten sich tolle Blicke in die Havgas-Schlucht. Nach weiteren 300 m Abstieg erreichen Sie eine T-Kreuzung, bekannt vom Beginn der Tour. Hier biegen Sie nach rechts ab und folgen kurz darauf der Schotterstraße nach links zurück zur Asphaltstraße und damit dem Beginn der Tour in Kalamafka mit mehreren Einkehrgelegenheiten im Ort.

24 Kiefernwald bei Kato Symi

Tour für Landschafts- und Bergfans

Diese schöne Tour erschließt den Kiefernwald auf der Südseite des Dikti-Gebirges. Ein steiler Pfad führt hinauf zu einem fantastischen Aussichtspunkt, von dem der Blick über die Dörfer der Umgebung bis zum Libyschen Meer schweift. Über Schotterwege geht es durch Kiefernwald vorbei an der alten minoischen Siedlung von Hermes und Aphrodite. Vorbei am aufgegebenen Dorf Ano Symi mit einer alten byzantinischen Kirche wandern Sie zurück nach Kato Symi.

Start/Ziel: Straße mit Parkgelegenheit bei der Taverne Aphrodite in Kato Symi am Ende des Dorfs, GPS N 35°02.878' E 025°29.351'

12,5 km

4 Std.

515 m/515 m

805-1.242 m

keine Markierungen

alter Pfad aufwärts zum Aussichtspunkt, danach Schotterwege

in Kato Symi zwei Tavernen; Wasserquelle in Kato Symi am Anfang der Tour und in Ano Symi (km 11,3)

Sitzbänke gibt es beim Aussichtspunkt (km 2,4), bei der minoischen Stätte (km 7,2) und dem Geisterdorf Ano Symi (km 11,3). Außerdem gibt es einen Picknickplatz am Anfang der Schotterstraße nahe dem Aussichtspunkt Paradisou Koutelo (km 2,2 und 2,6).

mit älteren Kindern machbar, aber recht lang

Hunde können mitgenommen werden, aber Vorsicht bei Schafen!

freies Parken in Kato Symi bei beiden Tavernen

keine Busverbindung

Taxi Station Mirtos, 69 38 84 04 24 (einfache Fahrt € 20)

In Kato Symi gibt es am Startpunkt und etwas südlich davon je eine Taverne, wo Sie vor der Tour schon einen Kaffee trinken können.

Taverne Aphrodite, 28 95 03 14 63, www.aphrodite-tavern.gr, ganzjährig täglich 9:30-23:30

Taverne Omalos, 28 95 03 14 72, ganzjährig täglich 9:30-23:30

Kato Symi

Das im größten Kiefernwald Ostkretas gelegene Kato Symi bietet einen einladenden Dorfplatz mit zahlreichen Platanen und viel klarem Wasser. In den Sommermonaten wird die Gegend von Imkern geschätzt, die dann ihre Bienenstämme in die blühenden Kiefernwälder bringen. Kato Symi ist bekannt für eine Schlacht im Zweiten Weltkrieg, bei der im September 1943 lokale Widerstandskämpfer 100 deutsche Soldaten töteten. Als Folge wurde Kato Symi mitsamt Nachbardörfern zerstört – mit mehr als 500 zivilen Opfern!

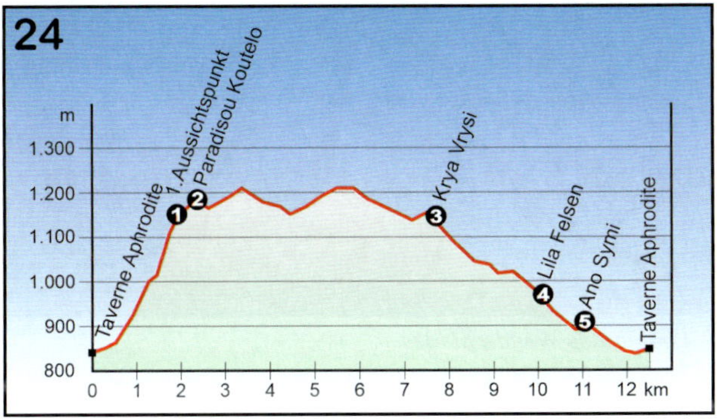

Von der Taverne Aphrodite folgen Sie der Asphaltstraße nordwärts und biegen nach 150 m in die scharf links abzweigende Schotterstraße mit schönem Blick auf Kato Symi ab. Hier beginnt schon der Wald. Nach 440 m (etwa 7 Minuten) biegen Sie nach rechts ab, genauso wie kurz darauf nach 80 m beim Holzschild „Paradisou Koutelo“ (km 0,6). Ein schmaler, nicht markierter Pfad führt Sie aufwärts. Sie genießen zunehmend schönere

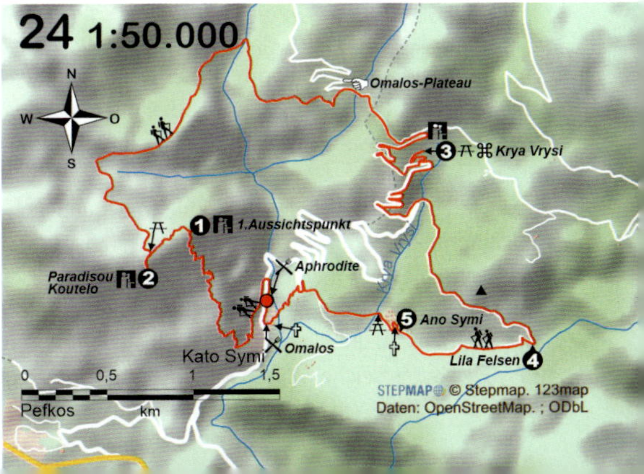

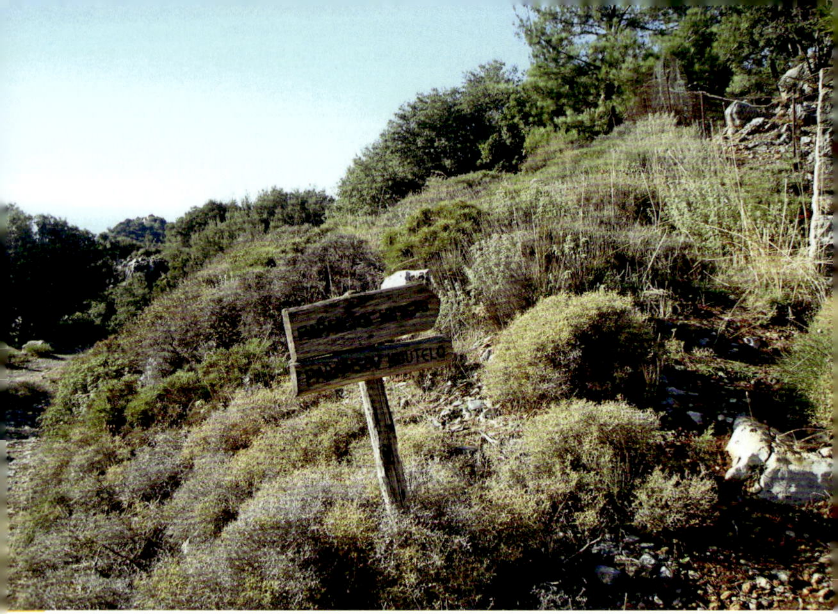

Beginn des Wanderpfades

Blicke beim Wandern durch den schönen Wald mit überwiegend Kiefern. Nach 40 Minuten Anstieg erreichen Sie einen schönen Aussichtspunkt ❶ (km 1,9).

In der Ferne erkennen Sie im Libyschen Meer die Insel Chrisi.

Nach weiterem Anstieg wird der Pfad vor einer Schotterstraße flacher, wo ein Picknickplatz zur Pause einlädt (km 2,2). Sie werden diesen Punkt später noch einmal passieren, wandern vorher aber weiter geradeaus zum Aussichtspunkt Paradisou Koutelo ❷ (km 2,4, ⇧ 1.214 m). Nach dem Genuss des fantastischen Weitblicks kehren Sie zum Picknickplatz zurück und wandern entlang der Schotterstraße nach links.

Sie folgen dieser breiten Schotterstraße und gehen nach 400 m bei einer Gabelung links weiter aufwärts. Möglicherweise muss ein Gatter geöffnet (und wieder geschlossen) werden. Sie folgen dieser stellenweise betonierten Straße eine ganze Weile, ignorieren nach etwa 1 Stunde (km 5,5) eine scharfe Abzweigung nach links (zum kleinen Omalos-Plateau) und gehen weiter geradeaus entlang vieler Kermeseichen. Nach 600 m halten Sie sich bei einer Gabelung rechts.

Nach rechts bietet sich ein Blick auf die archäologische Stätte von Hermes und Aphrodite. Der breite Weg führt Sie weiter abwärts und ist nach 1,2 km asphaltiert. Nach links weist ein Holzschild zur Ausgrabungsstätte von Krya Vrysi ❸ (km 7,2), dem Sie folgen. Nach 300 m erreichen Sie das Eingangstor.

⛩ Bank unter einer großen Platane in der Mitte der archäologischen Anlage

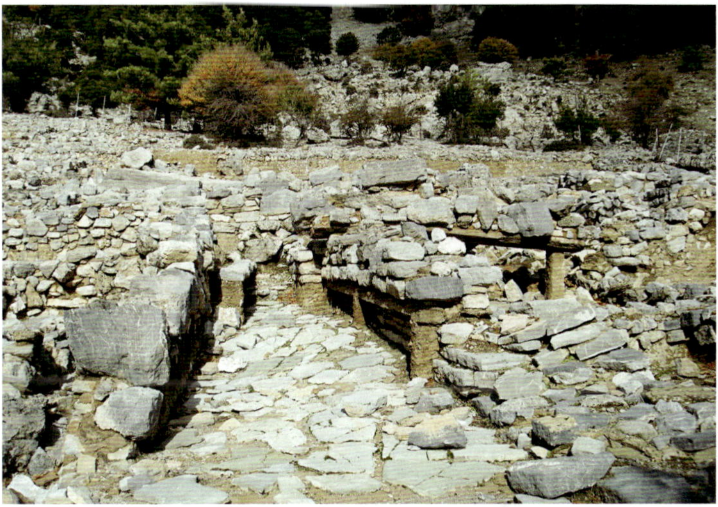

Die archäologische Stätte von Krya Vrysi

⌘ Minoisches Heiligtum von Hermes und Aphrodite

Die archäologische Ausgrabungsstätte von Krya Vrysi ist ein rund 4.000 Jahre altes minoisches Heiligtum, geweiht den Göttern Aphrodite und Hermes, das über 2.000 Jahre lang bis in römische Zeit hinein genutzt wurde. Funde des im Jahr 1972 bei Bauarbeiten entdeckten Klosters sind im Archäologischen Museum von Heraklion ausgestellt. Bei der archäologischen Stätte entspringt die gleichnamige Krya Vrysi, wörtlich „kalte Quelle".

Sie kehren zurück zur Asphaltstraße und gehen in Serpentinen abwärts. Nach 1 km biegen Sie in einer scharfen Rechtskurve nach links ab bzw. wandern in bisheriger Gehrichtung geradeaus auf der Schotterstraße weiter (km 8,7).

Sie passieren einen Bach mit kleinen Platanen und kurz darauf schöne Felsformationen. Bei einer Gabelung halten Sie sich rechts und erreichen lilafarbene Felsen ❹ (km 10,1), wo Sie rechts abwärtsgehen und nach 100 m einen Zaun (schließen!) passieren. Bei einer Gabelung nach 500 m halten Sie sich rechts und folgen dem Weg abwärts in das verlassene Dorf Ano Symi ❺ (km 11,1). Vorbei an einer alten Kirche geht es weiter abwärts auf einer Betonstraße. Sie passieren die ✝ byzantinische Kirche Agios Georgios aus dem 15. Jh. (leider geschlossen) und kurz darauf einen Picknickplatz, ehe Sie das Flussbett des Krya Vrysi queren. Sie folgen weiter der Straße und ignorieren nach 500 m eine scharfe Abzweigung nach links. Bei der T-Kreuzung nach 200 m gehen Sie links zurück nach Kato Symi. Kurz davor passieren Sie die Kirche mit dem Friedhof und biegen 100 m danach scharf nach links ab. Der Betonpfad führt Sie abwärts zu einem kleinen Platz mit Holzzäunen, wo Sie links auf die Dorfkirche zugehen. Bei der Kirche biegen Sie nach rechts ab und wandern aufwärts. Nach 50 m zweigen Sie nach rechts ab, passieren die Taverne Omalos und erreichen kurz darauf den Startpunkt bei der Taverne Aphrodite.

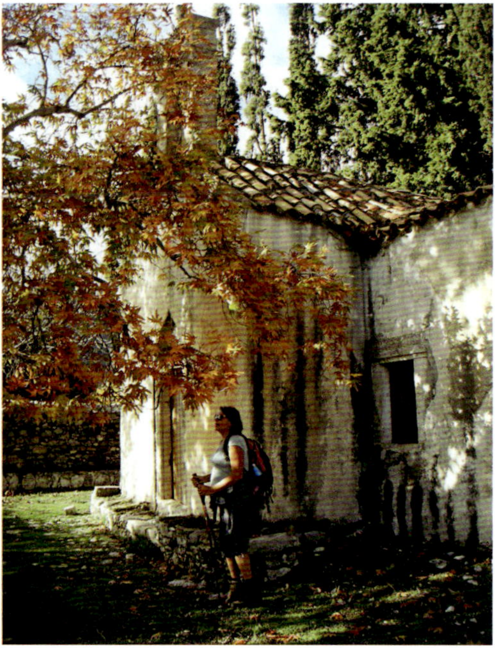

Byzantinische Kirche Agios Georgios

Östlicher Teil der Präfektur Lassithi: Pefki, Zakros, Perivolakia, Xerokambos

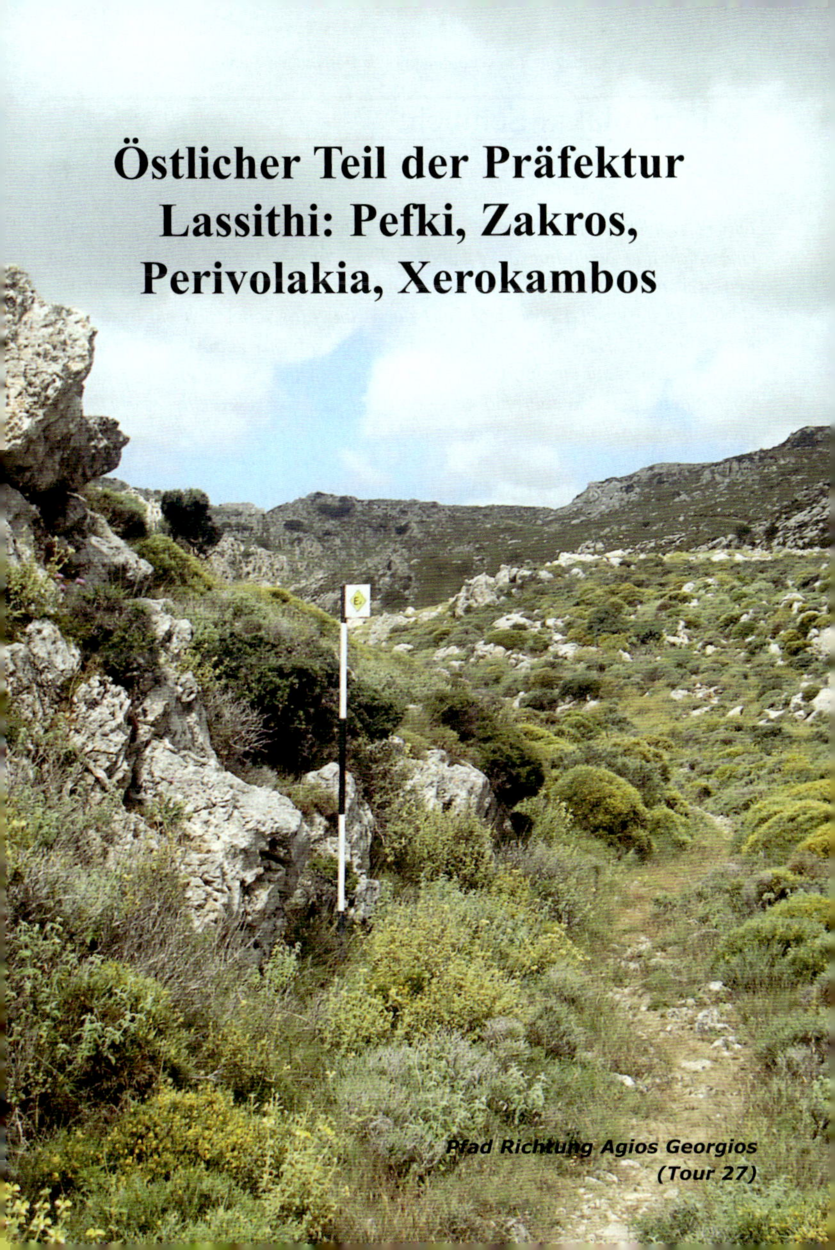

Pfad Richtung Agios Georgios (Tour 27)

25 Perivolakia-Schlucht

Tour für Landschafts- und Felsfans

*Die Perivolakia-Schlucht (auch Kapsa-Schlucht genannt, nach dem Kloster) ist eine wilde und beeindruckende Landschaft mit turmhohen Felswänden. An einigen Stellen müssen Sie etwas klettern und Ihre Hände benutzen, andere Stellen sind leicht ausgesetzt. Vor dem Start der Wanderung lohnt sich ein Besuch des Kapsa-Klosters. Durch die Schlucht wandern Sie aufwärts zum Weiler Perivolakia, einsam gelegen auf einem Plateau. Das letzte Teilstück zurück zum Kloster führt über einen alten Maultierpfad (*kalderimi*) mit tollen Blicken über das Libysche Meer abwärts.*

Start/Ziel: Hauptstraße vor dem Kloster von Moni Kapsa, GPS N 35°01.234' E 026°03.245'

9,5 km

4 Std.

500 m/500 m

1-420 m

in der Perivolakia-Schlucht rote Punkte und Pfeile, beim Pfad am Schluss abwärts zum Kloster ebenfalls rote Punkte

In der Schlucht wandern Sie über steinige Pfade und durch ein Flussbett. An einigen Stellen müssen Sie über Felsbrocken klettern bzw. über eine Holzleiter steigen. Ein kurzer Teil ist etwas ausgesetzt. Nach dem Weiler Perivolakia geht es stellenweise entlang einer Schotterstraße und zurück zum Kloster auf einem steinigen Pfad.

keine Einkehr, Wasserhahn am ehemaligen Kafenion in Perivolakia (km 5,1)

einige kleine Sitzgelegenheiten auf Stein in der Schlucht

Diese anstrengende Tour mit wenig Schatten und oft großer Hitze ist nur für ältere Kinder mit Wandererfahrung geeignet.

Hunde müssten auf dem steinigen Weg bei Kletterstellen und Leitern getragen werden – also nicht ideal für Vierbeiner.

freies Parken an der Straße beim Startpunkt gegenüber dem Kloster

Busverbindung von Ierapetra nach Makrigialos (10 km entfernt, weiter mit Taxi) Mo-Fr 6:00, 10:00, 13:30, 14:15, 18:.00, Sa 8:00, 13:30, Abfahrten ab Makrigialos 6:45, 8:45, 10:45, 15:00, 18:45; Sa 8:45, 14:15, einfache Fahrt € 4, www.ktelherlas.gr

von Makrigialos: Taxi Makri-Gialos, 69 32 25 14 06 (einfache Fahrt € 20)

✞ Kloster Moni Kapsa

Das Mönchskloster Moni Kapsa wurde vermutlich im 15. Jh. zu Füßen einer felsigen Bergwand am Ausgang der Perivolakia-Schlucht als Nebenstelle des Toplou-Klosters bei Vai und Sitia erbaut. 1471 wurde ein Großteil des Klosters bei einem Überfall der Türken vom Meer aus zerstört. 400 Jahre später erweckte der Mönch Joseph Gerontoyiannis das inzwischen halbwegs zu einer Ruine verfallene Kloster mit neuem Leben. Seine erfolgreiche Arbeit in dem mittlerweile in Kreta und auf dem griechischen Festland bekannten Kloster wurde von seinem Enkel fortgesetzt, der die letzten Jahre seines Lebens als Eremit in einer nahe gelegenen Grotte lebte.

Jährlicher Festtag ist der 29. August, der Tag der Enthauptung von Johannes dem Täufer (Agios Ioannis). An disem Tag strömen Tausende Gläubige aus vielen Teilen Kretas in das Kloster, manche pilgern zu Fuß aus benachbarten Dörfern.

♦ täglich 6:30-12:30 und 15:30-19:00, freier Eintritt in das Kloster

Auf angemessene Kleidung wird Wert gelegt, d. h. keine freien Schultern oder Shorts.

Von der Straßenseite unterhalb des Klosters von Moni Kapsa folgen Sie der Hauptstraße in westliche Richtung und biegen nach 250 m rechts in die Schlucht ab (Wegweiser). In der Schlucht weisen rote Punkte und Pfeile – manchmal etwas undeutlich – den einfachsten Weg. Der Pfad führt auf der linken Seite des trockenen Flussbettes aufwärts. Auf der anderen (rechten) Seite ist

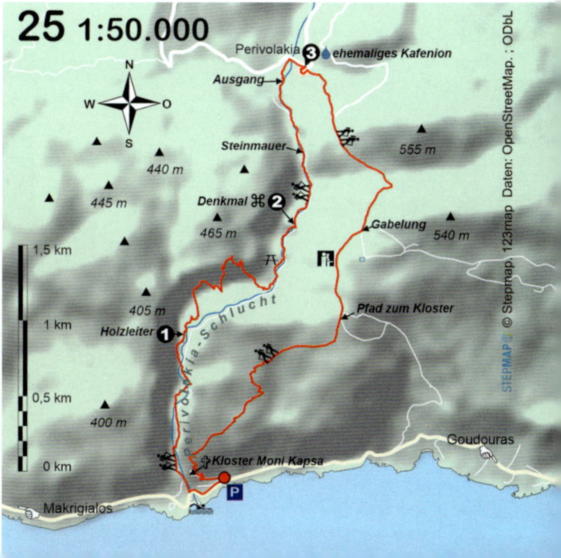

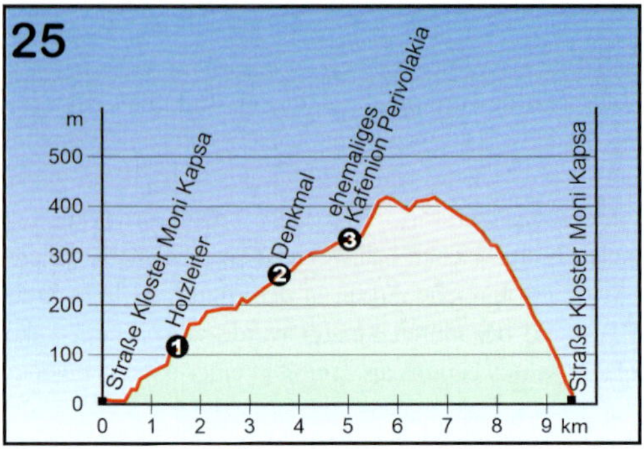

ein Klettergebiet. Kurz darauf wandern Sie stellenweise durch das Flussbett und bald darauf in Serpentinen aufwärts auf einem steinigen Pfad, der Sie zu einer hölzernen Leiter führt ❶ (km 1,5). Der Pfad steigt steil aufwärts durch ein felsiges Gebiet. Die Schlucht wendet sich ostwärts und Sie folgen einem gut gehbaren Pfad auf etwa gleichbleibender Höhe etwa 50 m oberhalb des Flussbettes. An einigen Stellen sichert ein Drahtseil den Abhang zur (linken) Flussseite. Der Pfad führt nach einiger Zeit erneut hinunter

Eingang zur Perivolakia-Schlucht

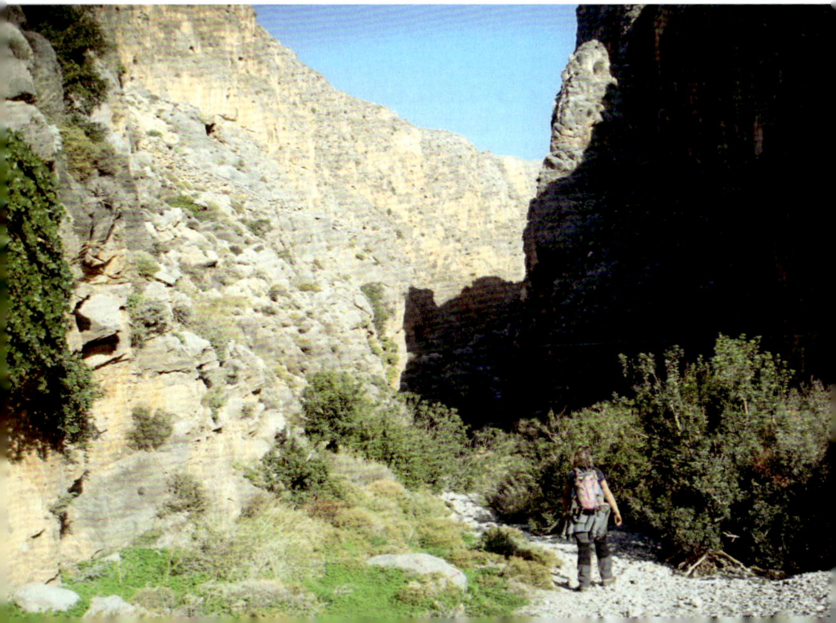

zum Flussbett und kurz darauf auf der linken Seite wieder hinauf. Nach einiger Zeit umgehen Sie einen großen Felsen mitten im Flussbett, ehe die Schlucht sich in nördliche Richtung wendet. Die Felswände werden etwas niedriger und Sie passieren einen kleinen Platz mit Sitzgelegenheiten auf flachen Felsen (km 3,3). Nach einigen Minuten passieren Sie ein Denkmal, das an zwei hier am 8.5.2015 verunglückte österreichische Kletterer erinnert ❷ (km 3,7).

Der Pfad führt weiter durch das Flussbett, vorbei an einer Steinmauer auf der rechten Seite (km 4,2, ⇧ 304 m). Sie wandern unter einer Stromleitung entlang und erkennen die ersten Häuser vor sich und folgen dem Flussbett zum Ausgang der Schlucht (km 4,8). Vor Ihnen liegt der Weiler Perivolakia. Die roten Markierungen führen auf der linken Schluchtenseite nach 40 m zu einer T-Kreuzung mit einer Schotterstraße. Hier biegen Sie nach rechts und nach 150 m bei einer Asphaltstraße wieder nach rechts ab. Die Straße führt nach einer kleinen Brücke in das Dorf, wo Sie nach 100 m nach rechts abbiegen und zur Linken das ehemalige Kafenion von Perivolakia erreichen ❸ (km 5,1).

💧 Vor der rechten Abzweigung zum Kafenion erkennen Sie links dessen alte Terrasse mit einem Wasserhahn.

Vorbei am Kafenion folgen Sie dem Pfad durch das alte Dorf Perivolakia. Nach 100 m erreichen Sie eine mit gelben Pfeilen markierte Betonstraße. Nach 50 m biegen Sie rechts in den aufwärtsführenden Pfad entlang eines dicken schwarzen Wasserschlauches ab. Nach dem diagonalen Queren einer Schotterstraße folgen Sie dem Pfad aufwärts mit einem Olivenhain zur Linken, immer noch entlang des Wasserschlauches.

Bei einer Schotterstraße halten Sie sich rechts, bei einer T-Kreuzung nach 600 m noch einmal rechts. Nach 400 m Anstieg gehen Sie bei einer Gabelung (km 6,7) rechts und nicht geradeaus auf das Wasserbecken zu! Nach rechts bieten sich schöne Blicke auf die Perivolakia-Schlucht. Nach 700 m weist ein braunes Schild auf den Beginn des Pfads zum Kapsa-Kloster hin (km 7,3). Dieser steinige Pfad führt Sie 2,1 km hinunter zum Kloster. Dort können Sie entweder durch das Gatter am Zaun gehen und dem Betonweg zur Hauptstraße folgen oder (bei geschlossenem Gatter) dem undeutlichen Pfad 100 m entlang des Zauns abwärts folgen. Bei der Hauptstraße biegen Sie nach rechts und erreichen wieder den Eingang zur Schlucht.

26 Pefki-Schlucht

Tour für Landschafts- und Naturfans

Im schön gelegenen Bergdorf Pefki beginnt diese Rundtour zur gleichnamigen Schlucht, benannt nach den vielen hier wachsenden Kiefern (griechisch Pefki). Ein Blickfänger ist der konisch geformte Berg neben dem Dorf mit der Stavromenos-Kapelle auf dem Gipfel. Abwärts wandern Sie durch die Schlucht, zurück am Rand oberhalb. Schöne Blicke hinunter in die Schlucht und zu schönen Felsformationen sind genauso garantiert wie das Grün der Kiefern.

Start/Ziel: Hauptstraße im Dorf beim Kafenion am kleinen Platz, GPS N 35°04.471' E 025°59.534'

6,6 km

3 Std.

290 m/290 m

158-381 m

Hölzerne Pfeile weisen den Weg zur Schlucht, in der rote Punkte als Wegmarkierungen dienen.

Schotterstraßen und in der Schlucht Pfade sowie zwei Metallleitern

in Pefki Taverne Piperia und entlang der Hauptstraße am Start/Ziel kleines Kafenion

einige Bänke am Weg vor der Schlucht (km 1,5 und 4,6)

Kinder werden an dieser nicht allzu langen Tour einige kleine Kletterfelsen zu schätzen wissen.

Für Hunde gut geeignet. Im Frühjahr fließt manchmal noch etwas Wasser durch die Schlucht.

freies Parken am Dorfeingang bei der großen Olivenmühle

Busverbindung von Ierapetra nach Makrigialos (8 km entfernt, weiter mit Taxi) Mo-Fr 6:00, 10:00, 13:30, 14:15,18:00, Sa 8:00, 13:30, Abfahrten ab Makrigialos 6:45, 8:45, 10:45, 15:00, 18:45, Sa 8:45, 14:15, einfache Fahrt € 4, www.ktelherlas.gr.

von Makrigialos: Taxi Makri-Gialos, 69 32 25 14 06 (einfache Fahrt € 12)

An der Hauptstraße am Start/Ziel befindet sich ein kleines Kafenion und etwas abseits des Weges im Ort die Taverne Piperia. In Pefki gibt es außerdem ein kleines Folkloremuseum.

Kafenion To the vine arbor, Epar.Od. Ierapetras – Sitias 402, 28 43 05 10 53, ganzjährig täglich 8:00-22:00

✕ Taverne Piperia, Epar.Od. Ierapetras, in der Dorfmitte, nicht direkt am Weg, ☏ 28 43 05 24 71, 📱 69 36 77 50 69, ✉ eikosipentakisfanis@gmail.com, 🚪 ganzjährig täglich 10:00-22:00

⌘ Folkloremuseum, Epar.Od. Ierapetras – Sitias 422, ☏ 28 43 05 12 55, 🚪 April bis Oktober täglich 9:00-14:00

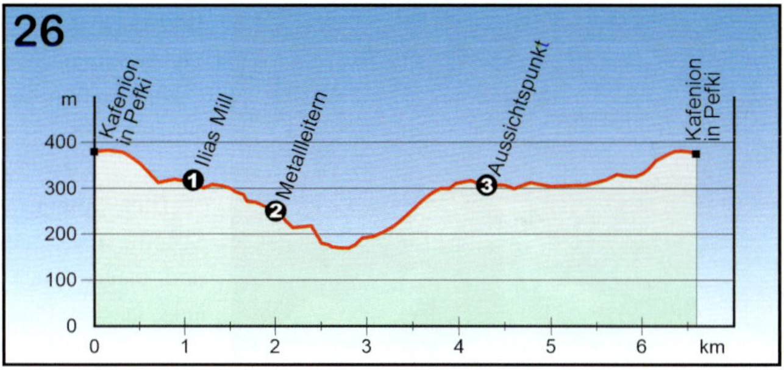

In der Dorfmitte folgen Sie ab dem Kafenion To the vine arbor am kleinen Platz der Straße in westliche Richtung aus dem Dorf heraus. Nach 250 m weist Ihnen ein Holzschild links den Weg zur Schlucht und nach Makrigialos (km 0,3). Die Betonstraße führt abwärts entlang Olivenhainen, ehe Sie nach 100 m wieder nach links abzweigen (Schild zur Schlucht). Weiter absteigend biegen Sie nach rechts ab und folgen dem mit E4 markierten Maultierpfad abwärts. Bei einer T-Kreuzung gehen Sie rechts und nach 10 m links, weiter abwärts.

Bei einer Schotterstraße halten Sie sich links und sehen beim Abstieg zur Linken die Ruine einer Wassermühle ❶ (km 1,1), an der Sie beim Rückweg wieder vorbeikommen werden.

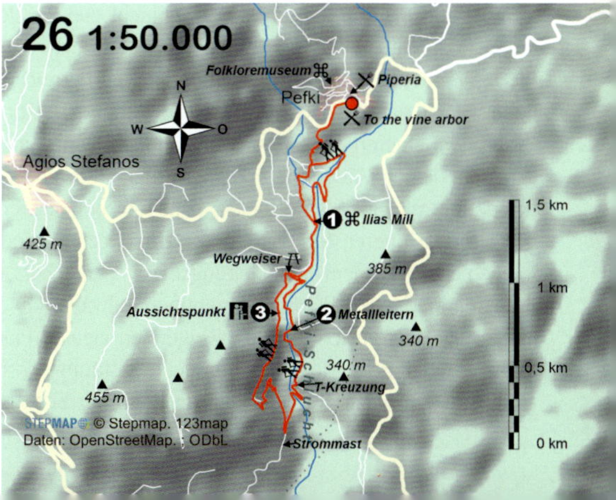

Wassermühle Ilias Mill

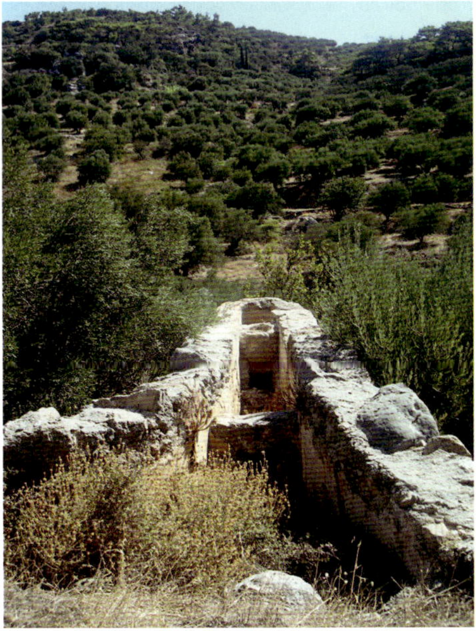

Die alte Wassermühle

Diese Wassermühle, genannt Ilias Mill, gilt als eine der ältesten der Insel, die bis 1920 zum Mahlen von Getreide und Pressen von Olivenöl in Betrieb war. Die Mühle wurde 1920 aufgegeben, weil zu wenig Wasser strömte.

Hier folgen Sie der Schotterstraße nach rechts und biegen nach 200 m links in den Pfad (Schild) oberhalb der Pefki-Schlucht mit schönem Blick ein. Nach 200 m folgen Sie bei Bänken einem Wegweiser zur Schlucht nach links (km 1,5) – diesen Punkt werden Sie später über den von oben kommenden Weg erreichen. Serpentinen führen Sie abwärts zum Flussbett der Schlucht, wo Sie sich rechts halten. Den Weg abwärts durch das Flussbett markieren rote Punkte und Pfeile. Nach 250 m wandern Sie unter einem Felsbrocken entlang und erreichen kurz darauf zwei Metallleitern ❷ (km 2). Links erkennen Sie schöne Felsformationen dieser Schlucht. Nach dem Queren des Flussbettes können Sie zur Linken – vor allem im Frühjahr – einen kleinen Wasserfall erkennen. Der Pfad führt jetzt aufwärts. Bei einer T-Kreuzung mit einer Schotterstraße halten Sie sich rechts Richtung Makrigialos. Kurz darauf queren Sie das Flussbett und gehen wieder aufwärts. Nach 250 m biegen Sie bei einem Stromleitungsmast nach rechts und folgen dem mit roten Punkten markierten Pfad in Serpentinen aufwärts (km 3).

Sie ignorieren den links abzweigenden kleinen Pfad und wandern bald hoch über der Schlucht wieder in nördliche Richtung, vorbei an einem schönen Aussichtspunkt mit Holzgeländer am Rand der Schlucht ❸ (km 4,3, ⇧ 291 m).

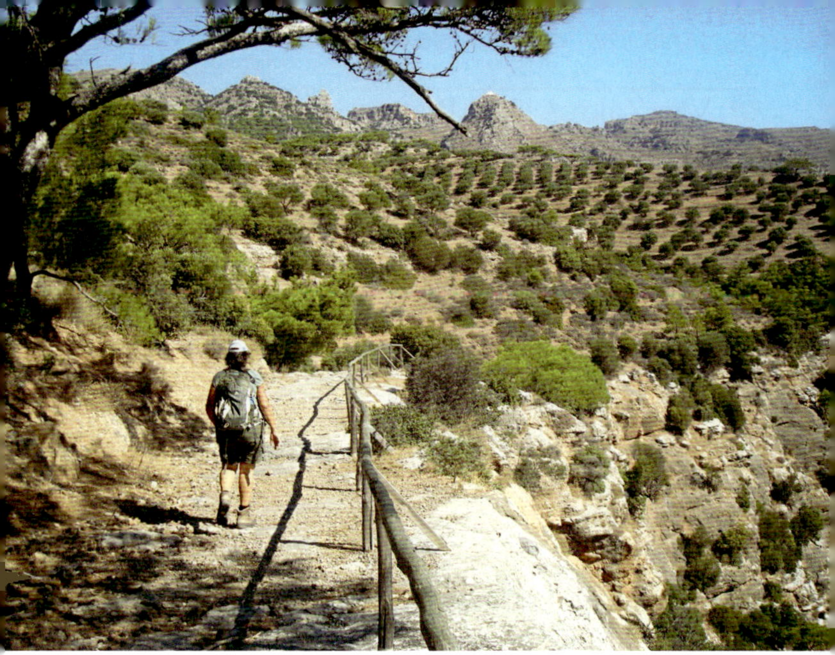

Aussichtspunkt am Rand der Schlucht

Nach 300 m erreichen Sie wieder den Punkt mit Bänken, wo Sie die Schlucht betreten hatten. Sie folgen dem Wegweiser nach Pefki geradeaus, halten sich später bei einer Schotterstraße rechts und bei einer Gabelung geradeaus, ehe Sie wieder die Ruine der Wassermühle ❶ passieren. 250 m nach der Wassermühle gehen Sie bei einer T-Kreuzung rechts und nach 180 m bei einer Kreuzung links, ignorieren nach 200 m eine rechte Abzweigung und folgen der Schotterstraße mit ihren Schatten spendenden Bäumen. Bald biegen Sie rechts in den Pfad ab (Schild „Pefki"), der Sie am Beginn der Wanderung hierhergeführt hatte. Der Pfad führt aufwärts zu einer Asphaltstraße, der Sie rechts zurück nach Pefki folgen.

27 Von Zakros zum Plateau von Mavros Kambos und nach Skalia

Tour für Landschafts- und Kulturfans

*Diese nicht allzu schwierige Tour führt auf einem alten Maultierpfad (*kalderimi*) entlang des europäischen Fernwanderweges E4 zum Plateau von Mavros Kambos und von dort zur Kapelle Agios Georgios und den Ruinen des verlassenen Dorfes Skalia. Vor diesem schönen Pfad lohnt sich ein Besuch der angenehm kühlen, beschatteten Wasserstelle von Zakros. Ansonsten erwartet Sie eine spärliche Landschaft, wo Ihnen außer einigen Hirten kaum jemand begegnet.*

- Start/Ziel: Dorfplatz von Zakros, GPS N 35°06.766' E 026°13.144'
- 10,7 km
- 3 Std. 30 Min.
- 510 m/510 m
- 221-685 m
- durchgehend E4-Markierungen
- überwiegend alte, steinige Maultierpfade *(kalderimi)* und stellenweise Schotterwege
- Restaurant und Cafés/Snack-Bars in Zakros; Wasserquelle von Zakros (km 0,8). Es gibt zwar auch eine Quelle bei der Kapelle Agios Georgios, deren Wasserqualität ist aber nur bedingt vertrauenswürdig.
- Supermärkte auf beiden Seiten des Platzes in Zakros (täglich)
- Bänke gibt es bei der Kapelle Agios Georgios (km 4,9) sowie bei der beschatteten Quelle von Zakros (km 0,8).
- möglich mit älteren Kindern, aber recht strapaziös: Anstieg von 500 m, kein Schatten
- Hunde können mit, aber es gibt keinen Schatten. Wasser bei der Kapelle Agios Georgios. Beim Plateau von Mavros Kambos sollten Sie den Hund anleinen, weil dort oft viele Schafe und Ziegen sind.
- freies Parken 100 m vor dem Platz entlang der Straße Richtung Kato Zakros
- Der Bus von Sitia via Palekastro nach Kato Zakros hält in Zakros: Abfahrt Mo-Fr 6:00, 14:30, Rückfahrten ab Zakros Mo-Fr 7:15, 15:30 (einfache Fahrt € 4), www.ktelherlas.gr.

Vom Platz des Bergdorfs Zakros folgen Sie der Straße Richtung Kato Zakros vorbei am Hotel Zakros und biegen nach 70 m nach rechts ab (hölzernes E4-

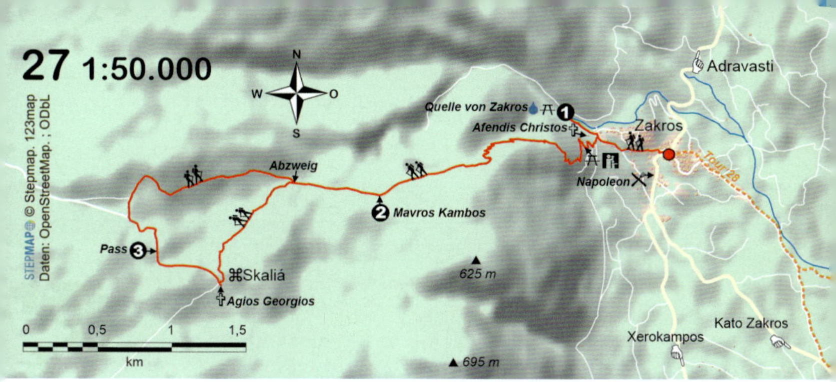

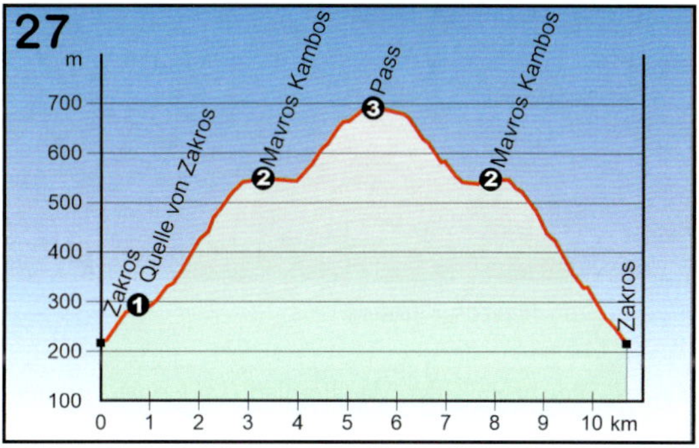

Schild) aufwärts über breite Stufen. Der Pfad führt aufwärts (E4, Ziros), ehe Sie bei einer T-Kreuzung mit einem Brunnen der gepflasterten und später asphaltierten Straße nach links folgen.

Bei einer T-Kreuzung gehen Sie links und nehmen nach 40 m rechts den aufwärtsführenden Betonpfad.

Nach 200 m erkennen Sie rechts eine große Betonzisterne mit geschwungenen Metallrohren. Der Pfad führt links weiter, aber geradeaus und gleich darauf links auf ausgeschildertem Pfad lohnt sich vorher noch ein Abstecher zur Quelle von Zakros. Ein Betonpfad führt Sie entlang des Baches zur Kapelle Afendis Christos und 200 m dahinter zur Quelle des Zakros ❶ (km 0,8).

Nach dem Rückweg zur Betonzisterne folgen Sie dem eben erwähnten Pfad aufwärts Richtung Skalia, vorbei an einem Gatter mit E4-Zeichen (wieder schließen!), und halten sich bei Abzweigungen rechts. Nach zwei Kurven passieren Sie ein Wasserreservoir aus Beton mit einer ⛩ Bank und schöner Aussicht über

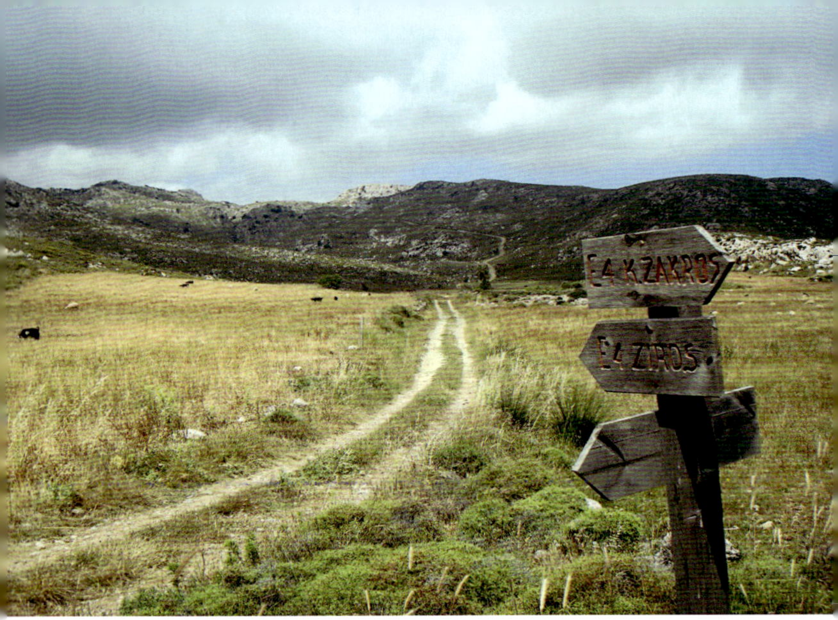

Plateau von Mavros Kambos

Zakros. Hier beginnt der Maultierpfad (*kalderimi*) – früher die Hauptverbindung zwischen Zakros und Ziros (km 1,3).

Der deutliche und gut markierte Pfad führt 1 Stunde aufwärts zu einem Gatter beim Plateau von Mavros Kambos ❷ (km 3,3), das Sie passieren, um danach dem E4-Wegweiser Richtung Ziros und Skalia rechts zu folgen. Die Schotterstraße führt Sie in 10 Minuten zur anderen Seite des Plateaus, wo Sie wieder ein Gatter öffnen (und schließen) müssen. Nach 100 m biegen Sie links in einen mit E4 markierten Pfad ab (km 3,9). Später werden Sie diesen Punkt wieder von der Schotterstraße kommend erreichen. Zunächst führt Sie der Pfad über ein anderes kleineres Plateau mit viel Salbei und Thymian. In weniger als einer halben Stunde erreichen Sie die Kapelle Agios Georgios (km 4,9). Links von der Kapelle finden Sie auf dem Hügel die Ruinen von Skalia und hinter der Kapelle den runden, steingefassten Wasserbrunnen.

Widerstandsnest Skalia

Skalia war ein kleines Dorf am Berghang, dessen äußere Hauswände eine durchgehende Stadtmauer formten. Im Norden bildeten Felswände eine natürliche

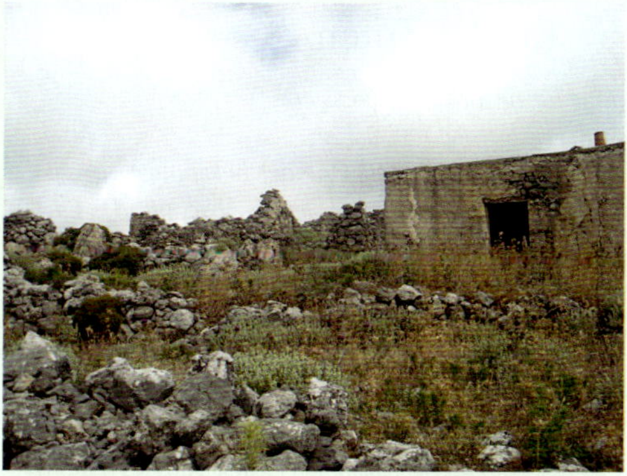
Ruinen von Skalia

Schutzbarriere. Nach der türkischen Invasion wollten sich die Einwohnerinnen und Einwohner nicht den Besatzern unterwerfen. Eine osmanische Einheit wurde entsandt, um das Dorf heimlich bei Nacht anzugreifen. Aber der griechische Scout der türkischen Truppe informierte die Menschen aus Skalia vorab, sodass diese das türkische Camp vor Sonnenaufgang erfolgreich attackierten. Später gelang den Türken die Einnahme des Dorfes mit einer List bzw. der Hilfe eines verräterischen Priesters, Drakos: Drakos bat die Einwohnerinnen und Einwohner zum Gottesdienst in der Kirche Agia Paraskevi im Dorf Ziros – mit Abgabe der Waffen vor dem Betreten der Kirche. Kurz darauf stürmten die Türken das Gotteshaus – keiner der griechischen Anwesenden überlebte. Beim jährlichen Fest des Agia Paraskevi in Ziros wird den gefallenen Kämpfern des heute verlassenen Dorfes Skalia gedacht.

Nach der Pause bei der Kapelle führt Sie die Schotterstraße mit dem E4-Wegweiser Richtung Stitamos und Karydi leicht aufwärts. Nach 500 m ignorieren Sie eine scharfe Linkskurve und erreichen wenige Meter danach einen Pass mit dem höchsten Punkt dieser Tour ❸ (km 5,5, ⇧ 685 m). Bei der nächsten Gabelung nach 350 m biegen Sie nach rechts ab und folgen der Schotterstraße zurück zum Plateau von Mavros Kambos. Nach dessen Querung führt Sie der vom Hinweg bekannte Pfad wieder nach Zakros mit seinen vielen Cafés und dort links zurück zum Ausgangspunkt.

↳ 100 m weiter rechts von der Einmündung in die Hauptstraße liegt eine nette Einkehrgelegenheit.

✕ Taverne Napoleon, Eleftherias 1, ☏ 28 43 09 31 52, ganzjährig täglich 12:00-22:00

28 Tal der Toten

Tour für historisch Interessierte

Die Zakros-Schlucht ist eine der bekanntesten Schluchten Ostkretas. Diese nicht allzu schwierige Tour – der letzte Abschnitt des E4 – beginnt in Zakros und führt durch die Schlucht. An ihrem Ausgang bei Kato Zakros erbaute das minoische Volk vor mehr als 3.900 Jahren einen Palast. Die Verstorbenen wurden in Höhlen der Schlucht verbrannt, die daher auch „Tal der Toten" genannt wird. Der schöne Strand von Kato Zakros eignet sich gut für eine Rast und Abkühlung, ehe es zurück nach Zakros geht.

Start/Ziel: Hauptplatz von Zakros, GPS N 35°06.764' E 026°13.134'

13,4 km

4 Std.

340 m/340 m

1-213 m

Der Weg von Zakros nach Kato Zakros ist gut markiert mit E4-Zeichen und roten Punkten, der Rückweg nach Zakros hat keine Markierungen.

in der Schlucht steinige Pfade und Flussbett, auf dem Rückweg überwiegend Schotterstraße, stellenweise mit Beton

Tavernen und Cafés in Zakros und Kato Zakros (km 6,3); Wasserzapfstelle auf dem Rückweg (km 10,8)

in der Schlucht Steinbänke (km 2,6 und 5,1), auf dem Rückweg kleiner hölzerner Pavillon mit Bänken und Aussichtspunkt oberhalb der Schlucht (km 9,5)

Supermärkte auf beiden Seiten des Platzes in Zakros (täglich)

toller Strand am Ende der Schlucht (km 6,3)

Die Wanderung ist gut geeignet für Kinder, besonders der Hinweg durch die Schlucht. In Kato Zakros könnte die Tour mit Bus und Taxi beendet werden, denn der Rückweg ist anstrengender und ohne Schatten.

Für Hunde ist die Tour machbar, allerdings können in der Schlucht recht viele Menschen sein. Schattige Stellen sind in der Schlucht vorhanden, aber Wasser ist nicht sicher – lieber mitnehmen!

P freies Parken entlang der Straße nach Kato Zakros, 100 m vom Hauptplatz am Start/Ziel entfernt

Bus von Sitia via Palekastro nach Kato Zakros mit Halt in Zakros: Mo-Fr 6:00, 14:30. Abfahrten von Kato Zakros (von Zakros 15 Minuten später) 7:00, 15:15 (einfache Fahrt € 4), www.ktelherlas.gr

Zakros Taxi Nikos, 69 80 44 93 99 (einfache Fahrt von Kato Zakros nach Zakros: € 12)

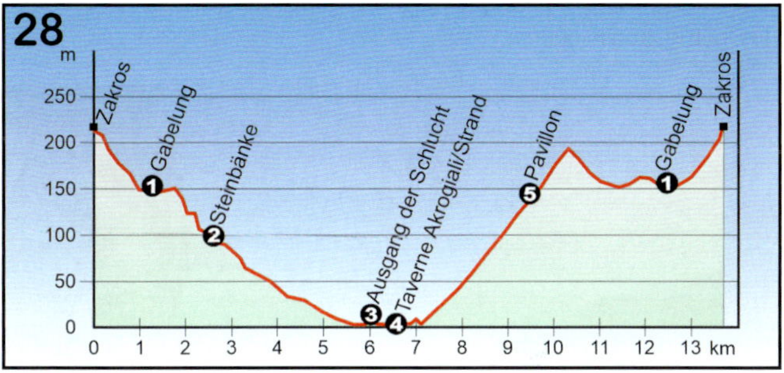

Vom Hauptplatz in Zakros folgen Sie den E4-Wegweisern und dem Schild „Nekron Gorge" (= „Tal der Toten"). Nach 25 m entlang der kleinen Straße halten Sie sich bei einer Gabelung links (Schild: „gorge"). Die abwärtsführende Straße verlässt das Dorf, linke und rechte Abzweigungen ignorieren Sie. Nach 1 km (etwa 15 Minuten) biegen Sie bei einer Gabelung mit mehreren Schildern (u. a. zur Schlucht) nach links ab ❶ (km 1,3). Sie folgen dem Wegweiser nach Kato Zakros über die stellenweise betonierte Schotterstraße oberhalb des Flussbettes der Schlucht. Nach 200 m gehen Sie nach einem kleinen, quadratischen Gebäude zur Linken geradeaus und nach weiteren 200 m links abwärts (E4) Richtung Flussbett.

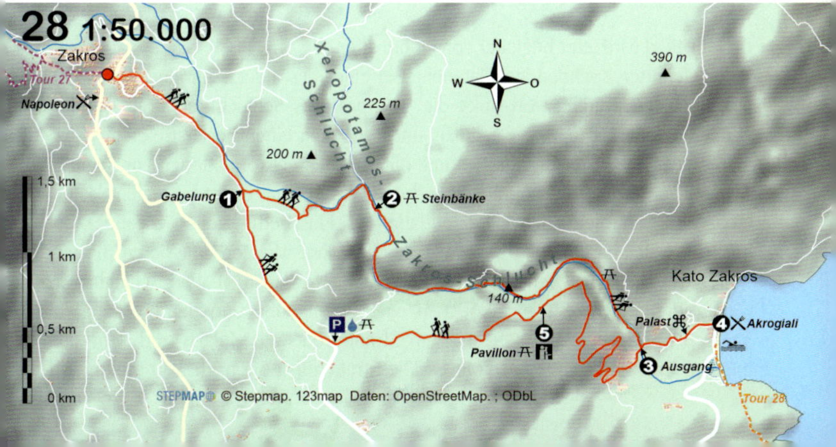

Die Schotterstraße verengt sich zu einem Pfad, der mit roten Punkten markiert ist. Nach einem kleinen Gatter erreichen Sie das Flussbett, wo Sie dem markierten Pfad vorbei an Felsbrocken und großen Oleanderbüschen folgen, ehe Sie das Flussbett erstmals queren.

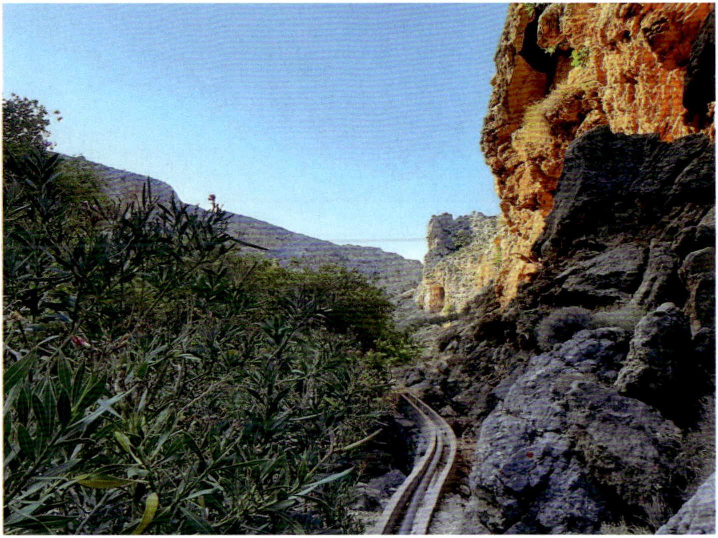

Wasserkanal und schöne Felswände

Der Pfad wird jetzt begleitet von einem alten, betongefassten Wasserkanal und vielen Schatten spendenden Platanen. Bei einer besonders schönen Platane auf einem Felsen mündet von links die Xeropotamos-Schlucht ein. Sie wandern geradeaus entlang des Wasserkanals und erreichen einen beschatteten ⍾ Rastplatz mit Steinbänken ❷ (km 2,6) und mit schönen Felsformationen zur Rechten. Ab hier verengt sich die Schlucht und der Wasserkanal endet bei einem kleinen Gebäude. Sie folgen dem Pfad entlang des Flussbettes voller Oleander und Mönchspfeffer. 300 m nach einem Brunnen (ohne Wasser!) passieren Sie eine weitere ⍾ Bank mit Schatten spendendem Baum (km 5,4). Die Schlucht wird wieder breiter, ehe Sie nach 600 m eine Betonstraße und den Ausgang der Schlucht erreichen ❸ (km 5,7). Zum Strand von Kato Zakros und dem alten minoischen Palast geht es nach links. Die Straße führt Sie nach 300 m zum Ein-

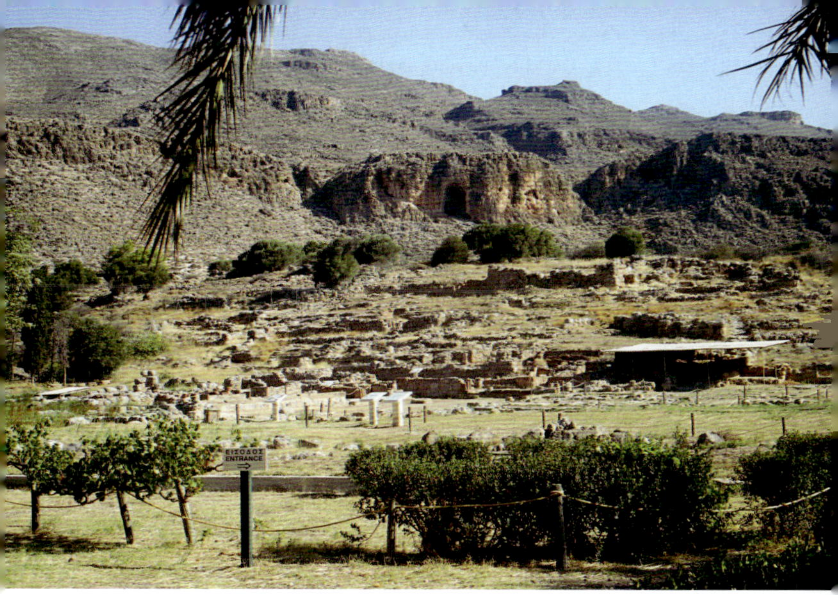

Der alte minoische Palast von Kato Zakros

gang des minoischen Palastes auf der linken Seite (km 6) und nach weiteren 300 m zur Taverne Akrogiali und dem Strand von Kato Zakros ❹ (km 6,3).

Taverne Akrogiali, ☏ 28 43 02 68 93, 69 74 65 66 17, www.katozakros-accommodation.com, April- November täglich 8:00-23:00

Der Strand von Kato Zakros beginnt direkt bei der Taverne.

Optional können Sie die Tour in Kato Zakros beenden und von hier mit dem Bus oder Taxi zurück nach Zakros fahren.

⌘ Minoische Stätte Kato Zakros

Die minoische Stadt Kato Zakros hatte den abgelegensten Palast der Minoerinnen und Minoer auf der Insel. Vermutlich war hier eines der vier minoischen Verwaltungszentren. Durch den geschützten Hafen und die strategisch günstige Lage entwickelte sich die Stadt zu einem wichtigen Zentrum für den Osthandel. Nach mehr als 30 Jahren Ausgrabungen ließ sich die Anlage mit ihrem gut entwickelten Straßennetz, Häuserblocks und dem Palast, der alleine eine Fläche von 8.000 m² einnahm, einigermaßen rekonstruieren. Mittelpunkt des Palastes mit seinen 150 Zimmern war ein zentraler Platz mit einer Fläche von 30 x 12 m. Die Stadt wurde um 1900 v. Chr. angelegt, 300 Jahre später erweitert und um 1450 v. Chr. zerstört, zusammen mit anderen Zentren der minoischen Zivilisation. Zahlreiche archäologische Funde vermitteln ein gutes Bild der damaligen Zeit, darunter verzierte Keramiken, ein farblich verzierter Phitos (amphorenähnliches Gefäß mit flachem Boden), kleine Holzschnitzereien und ein schönes Set mit minoischen Schriftzeichen aus der Schatzkammer des Palastes. Die meisten Funde sind heute im Archäologischen Museum von Heraklion zu sehen, einige wenige auch in den Museen von Sitia und Agios Nikolaos.

Die Schlucht von Zakros verläuft durch den oberen und unteren Teil der minoischen Stadt. Ihren Beinamen „Tal der Toten" verdankt sie den minoischen Gräbern in den Höhlen von Felswänden.

⌘ Die minoische Anlage kann besichtigt werden, täglich außer Feiertage 1.6.-31.10. 8:30-18:00, 1.11.-31.5. 8:30-15:00, Eintritt € 6.

Nun geht es entlang der minoischen Anlage zurück zum Ausgang der Schlucht ❸ und von dort auf der Betonstraße aufwärts zu Apartments („Stella Traditional apartments"). Nach einigen Apartments endet der Beton und Sie folgen der Schotterstraße weiter aufwärts. 2,3 km nach dem Ausgang der Schlucht passieren Sie einen hölzernen Pavillon ❺ (km 9,2) mit fantastischem Ausblick auf die Schlucht. Sie folgen der Straße mit schönen Blicken hinunter in die Schlucht und vor Ihnen in der Ferne Zakros. Nach 1,6 km (etwa 20 Min) erreichen Sie bei einem kleinen Parkplatz die Hauptstraße zwischen Zakros und Kato Zakros (km 10,8).

Bänke und Trinkwasser am Parkplatz

Sie folgen der Hauptstraße nach rechts und nach 700 m (10 Minuten) der ersten Abzweigung ebenfalls nach rechts (Holzschild zur Schlucht). Nach 600 m passieren Sie wieder den Punkt, wo Sie beim Hinweg in die Schlucht hinabgestiegen sind ❶. Diese Straße führt Sie zurück nach Zakros.

200 m vom Dorfplatz entfernt befindet sich an der Straße nach Kato Zakros eine Taverne.

Taverne Napoleon, Eleftherias 1, ☏ 28 43 09 31 52, ganzjährig täglich 12:00-22:00

29 Durch die Chochlakies-Schlucht zum Karoumes-Strand

Tour für Landschafts- und Badebegeisterte

Die Chochlakies-Schlucht liegt in einem der abgelegensten Gebiete von Kreta. Vom Weiler Chochlakies wandern Sie entlang Olivenhainen zum Anfang der beeindruckenden Schlucht, in die sich nur wenige Menschen verirren. Der nicht allzu lange und schwierige Weg durch die Schlucht endet beim breiten Ästuar des Karoumes-Strandes, der nur zu Fuß oder per Boot erreichbar ist.

Start/Ziel: großer Parkplatz beim Friedhof von Chochlakies, GPS N 35°08.787' E 026°14.991'

6,9 km

2 Std. 30 Min.

150 m/150 m

1-101 m

Metallschilder mit Pfeilen zur Schlucht, in der Schlucht rote und blaue Punkte bzw. Pfeile

Bis zur Schlucht wandern Sie auf einer Schotterstraße, in der Schlucht überwiegend durch das Flussbett.

In Chochlakies gibt es ein kleines Kafenion, in Palekastro, 9 km von Chochlakies und dem Weg entfernt, mehrere Tavernen und Cafés.

am Strand netter von Tamarisken beschatteter Platz (km 3,5)

Lebensmittelläden und Bäckerei nur im 9 km entfernten Palekastro

Kieselstrand Karoumes am Ende der Schlucht (km 3,5)

Diese Tour eignet sich für Kinder: nicht zu lang, kleine Klettereinlagen und Gelegenheit zum Abkühlen am Strand.

Vierbeiner können mit, finden unterwegs aber kein Wasser – mit Ausnahme des Frühjahrs, wenn der Fluss noch Wasser führt.

P freies Parken entlang der Schotterstraße bei den Schildern Richtung Agiofarago

Bus von Sitia via Palekastro nach Kato Zakros mit Halt in Chochlakies Mo-Fr 6:00, 14:30, Rückfahrten ab Chochlakies etwa 7:30 und 15:15 (einfache Fahrt € 4), www.ktelherlas.gr. Von der Bushaltestelle in Chochlakies an der Hauptstraße Palekastro – Zakros kommen Sie zu Fuß in 5 Minuten ostwärts durch das Dorf zum Friedhof.

Taxi Nikos in Zakros, 69 80 44 93 99 (von den nahe gelegenen Dörfern Palekastro oder Zakros nach Chochlakies etwa € 12)

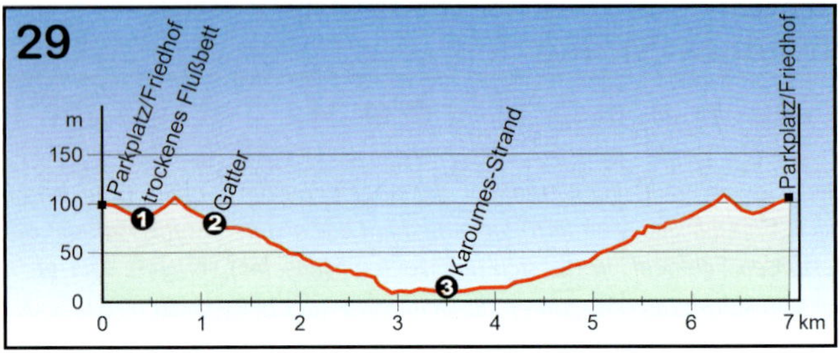

Sowohl die Chochlakies-Schlucht als der Karoumes-Strand liegen fernab der Zivilisation – ideal, wenn man Ruhe sucht! Die Schlucht führt bis zum Frühjahr sowie natürlich nach starkem Regen so viel Wasser, dass sie dann nicht begehbar ist!

Vegetation

In der Schlucht sowie im Gebiet des Karoumes-Strandes finden Sie bei den steilen Felsen viele Pflanzen wie die Baumwolfsmilch (*Euphorbia dendroides*), die kretische Pfeifenblume (*Aristolochia cretica*), das endemische Nelkengewächs *Dianthus juniperinus*, die kretische Schwarzwurzel (*Scorzonera cretica*) und viele wilde Orchideenarten. Die beste Zeit für Pflanzenbeobachtungen ist natürlich das Frühjahr – wenn der Fluss hoffentlich kein Wasser mehr führt.

Den Friedhof zur Rechten queren Sie den Parkplatz und biegen danach in die erste rechts abzweigende Straße ein. Sie passieren Olivenhaine und queren nach

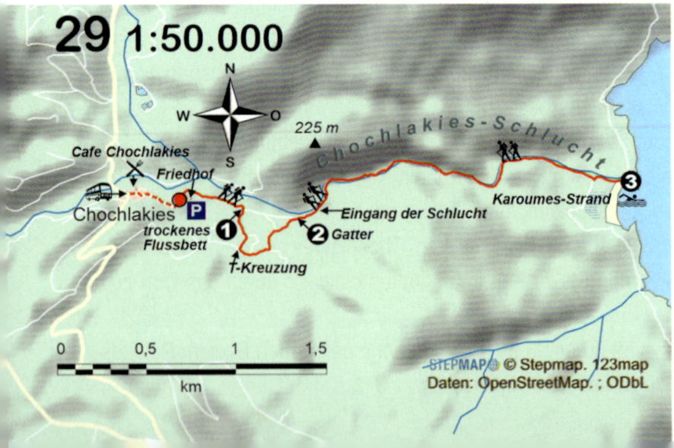

400 m ein trockenes, an dieser Stelle betoniertes Flussbett ❶ (km 0,4). Der Weg zweigt nach rechts ab und nach 250 m folgen Sie bei einer T-Kreuzung dem kleinen Pfeil nach links Richtung Schlucht. Nach 100 m ignorieren Sie die linke

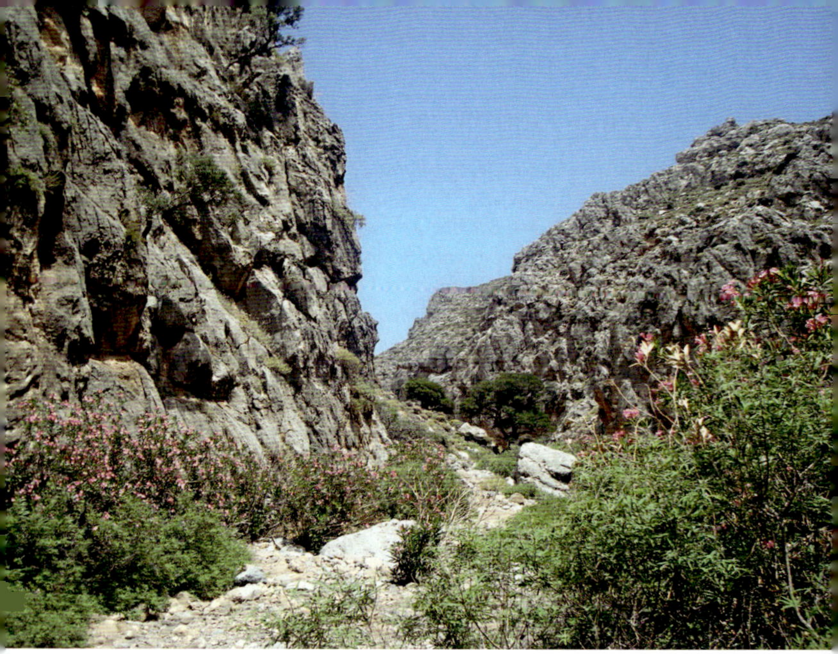

Chochlakies-Schlucht

Abzweigung und folgen dem Weg durch Olivenhaine, der nach weiteren 100 m nach links abzweigt. Sie ignorieren alle Abzweigungen, ehe nach 300 m die Schotterstraße bei einem Pfad und einem Gatter endet ❷ (km 1,1).

Sie passieren das Gatter und folgen dem schmalen und leicht verwachsenen Pfad. Nach 130 m wandern Sie in das Flussbett und erreichen den Eingang der Schlucht. Die nächsten 2,2 km folgen Sie dem Flussbett bzw. stellenweise einem Pfad daneben. Der einfachste Weg ist mit roten Punkten und Pfeilen markiert, die auch mal blau sein können. Am Ende weitet sich die Schlucht und Sie folgen einem Pfad auf der rechten Seite des Flussbettes. Vor sich erkennen Sie am Ufer zwei alte Tamarisken, hinter denen der kieselige Karoumes-Strand ❸ zur Pause und Abkühlung einlädt (km 3,5). Zurück geht es wie auf dem Hinweg durch die Schlucht zum Startort mit Einkehrgelegenheit.

Café Chochlakies, ganzjährig täglich 8:00-18:00

30 Von Kato Zakros nach Xerokambos

Tour für Landschafts- und Badebegeisterte

Eine Küstenwanderung im Südosten Kretas durch eine abgelegene Steinwüste: Felsen, Luft, Wind und Meer begleiten Sie bei dieser eindrucksvollen Wanderung. Am Ende erwarten Sie schöne Strände und bei Xerokambos eine flache Lagune. Wenn Sie genug Ausdauer haben, können Sie zurück gehen, andernfalls ist die Rückfahrt mit dem Taxi möglich.

→ Start: Küstenstraße und Strand von Kato Zakros, GPS N 35°05.805' E 026°15.785', Ziel: Taverne Cretan Sun in Xerokambos, GPS N 35° 02.858' E 26° 13.937'

8,6 km

3 Std.

↑↓ 200 m/200 m

⇧ 1-38 m

rote Punkte

Überwiegend steiniger Pfad ohne jeden Schatten – im Sommer ist es sehr heiß!

Kato Zakros bietet mehrere Tavernen und Cafés, die nur im Sommer geöffnet sind. Von drei Tavernen in Xerokambos ist eine ganzjährig geöffnet (Cretan Sun).

unterwegs keine Bänke

Minimarkt in Xerokambos

schöner Strand in Kato Zakros, kleiner, schöner Strand kurz vor Xerokambos (km 6,2) und großer Sandstrand unmittelbar vor Xerokambos (km 7,6)

Für Kinder ist diese Wanderung wegen des Mangels an Schatten nicht ideal, bei der Rückfahrt mit dem Taxi aber zumindest für ältere Kinder möglich.

Für Vierbeiner ist diese Tour wegen der scharfen Steine und Felsen sowie des Mangels an Schatten und Wasser ungeeignet.

P freies Parken entlang der Küstenstraße in Kato Zakros

Busverbindung von Sitia via Palekastro nach Kato Zakros Mo-Fri 6:00, 14:30, Abfahrt ab Kato Zakros Mo-Fr 7:00, 15:15, einfache Fahrt etwa € 3, www.ktelherlas.gr

Taxi Nikos in Zakros, 69 80 44 93 99 (einfache Fahrt von Xerokambos zurück nach Kato Zakros € 30)

Natürlich können Sie nach Kato Zakros zurückwandern – vor allem im Frühjahr und Herbst ist das eine sinnvolle Option. Beachten Sie, dass Sie dann in den Nachmittagsstunden zurückwandern, wenn es sehr heiß sein kann, vor allem natürlich im Sommer! Genug Wasser mitnehmen!

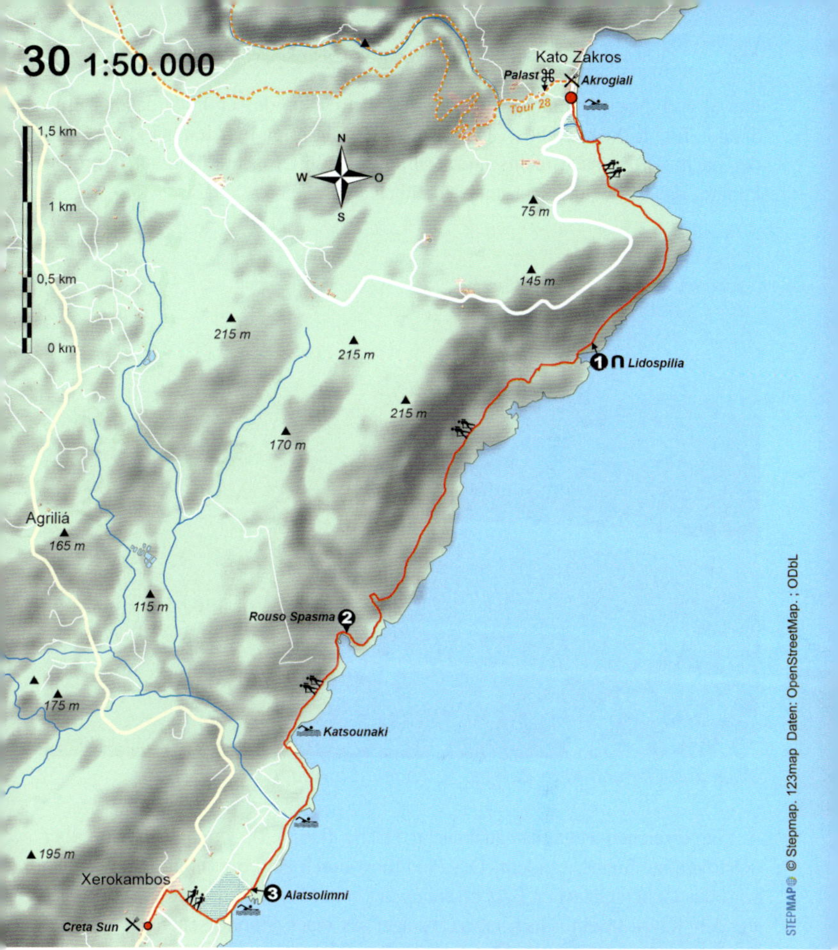

In Kato Zakros empfiehlt sich die Taverne Akrogiali 100 m vor dem Start.

Taverne Akrogiali an der Strandstraße in Kato Zakros, ☏ 28 43 02 68 93, 69 74 65 66 17, www.katozakros-accommodation.com, April-November täglich 8:00-23:00

Von der Küstenstraße in Kato Zakros (Infotafel) wandern Sie in südliche Richtung (aus der Sie mit dem Auto gekommen waren) und laufen dann geradeaus auf den Strand. Nach Querung des Strandes sehen Sie an dessen Ende das hölzerne Schild „Trail to Xerokambos". Hier beginnt der mit roten Punkten markierte Pfad, der nach 100 m nach rechts und steil aufwärtsführt – achten Sie auf die roten Punkte, die zu Beginn nicht immer deutlich sind!

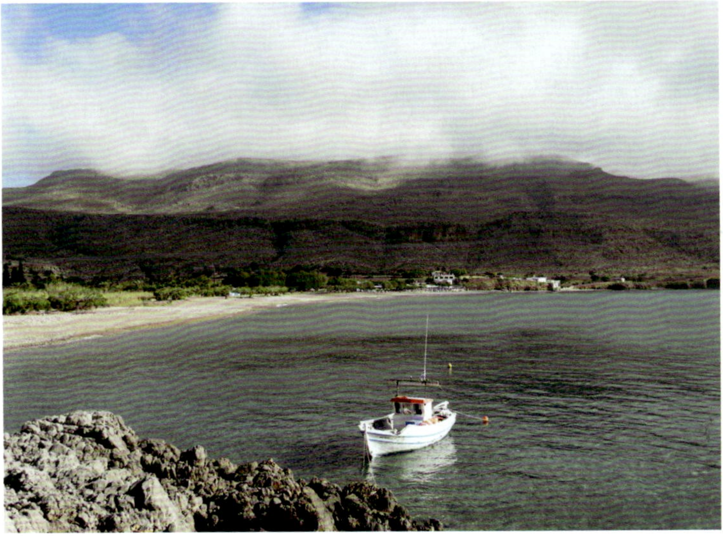

Blick zurück nach Kato Zakros, © Angela Sturmayr

Sie erreichen eine plateauähnliche Fläche (km 0,5), wo Sie anfangs über scharfkantige Steine wandern. Der Pfad führt durch eine trockene Rinne, danach wird das Gehen einfacher. Bald erkennen Sie in der Ferne die vor Xerokambos liegenden Kavali-Inseln. Nach etwas weniger als einer Stunde sehen Sie in einer Bucht die Höhle Lidospilia ❶ (km 2,2). Der Pfad führt zunächst aufwärts, dann abwärts in eine kleine Schlucht und um die Bucht herum. Der mit roten Punkten markierte Küstenpfad führt Sie an das Tal von Kalo Potami heran. Zunächst geht es landeinwärts und dann steil aufwärts Richtung Meer. Sie queren das trockene Flussbett des Kalo Potami (km 5), ehe Sie über steinigen Strand zur kleinen Bucht Rouso Spasma (wörtlich „rot" und „gebrochen") mit ihrem beeindruckenden rötlichen Hang wandern ❷ (km 5,3).

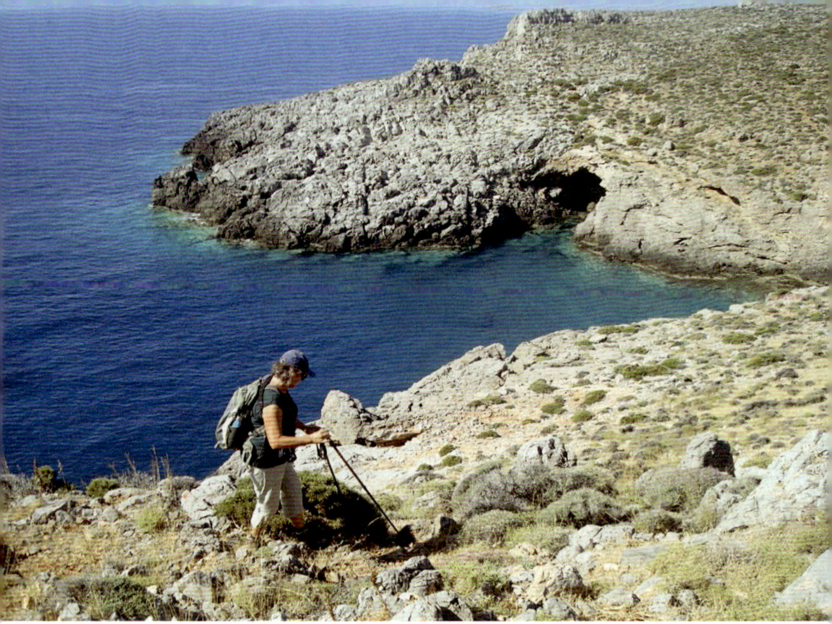

Bei der Meereshöhle Lidospilia

☝ Vorsicht beim Weiterwandern: Der Pfad führt direkt am Rand der Bucht entlang.

Nach 800 m (etwa 15 Minuten) erreichen Sie den sandigen Strand von Katsounaki (km 6,2), den Sie zu seinem südöstlichen Ende queren, um 20 m von der Küstenlinie entfernt dem breiten (jetzt nicht mehr markierten) Pfad zu folgen. Sie passieren Tamarisken und einen weiteren Strand und erreichen bei Häusern eine Schotterstraße (km 7), der Sie entlang des Strandes bzw. der Küste zu einem weiteren Strand ❸ (km 7,6) mit dahinter der schönen Flachwasserlagune Alatsolimni folgen.

Lagune Alatsolimni

Der große saisonale Salzwassersee Alatsolimni verdankt seinen Namen dem Griechischen *alati* für Salz. In den Sommermonaten vertrocknet das Feuchtgebiet und das verdunstete, eingedrungene Meerwasser hinterlässt weiße Salzkrusten. Im Winterhalbjahr ist diese Lagune mit ihrem niedrigen Wasserpegel ein ideales und wichtiges Biotop, vor allem für Zugvögel wie Flamingos und Reiher.

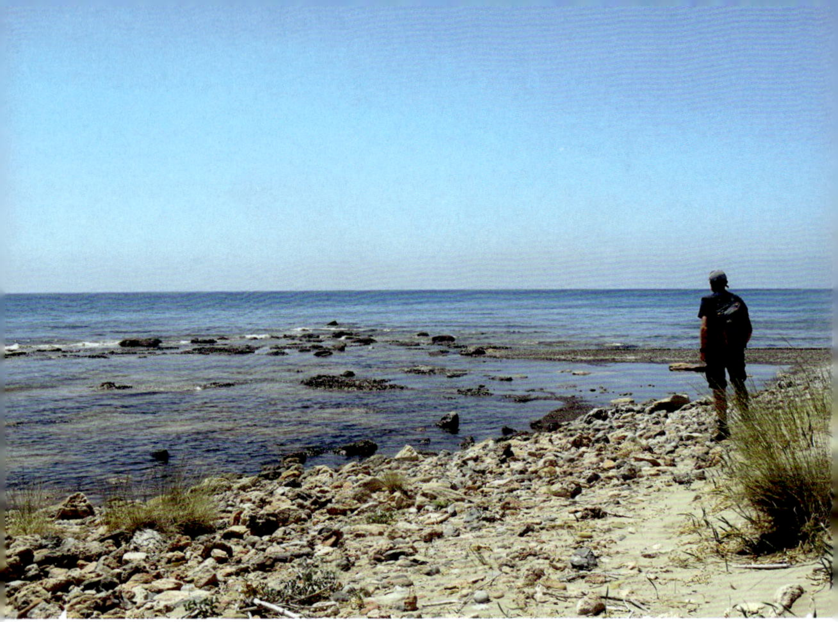

Am Strand Xerokambos, © Angela Sturmayr

Sie queren den Strand und erreichen ein kleines Gebäude an einer Schotterstraße, der Sie rechts 800 m (etwa 15 Minuten) zur Hauptstraße des Dorfes Xerokambos folgen. Die Hauptstraße führt Sie links nach 300 m zur Taverne Creta Sun (km 8,6) und 40 m dahinter ist ein Minimarkt.

- Taverne Creta Sun, Epar.Od. Zirou Paleokastrou 103, Xerokampos, ☏ 28 43 02 67 35, 69 72 00 12 28, ganzjährig 8:00-23:00
- Minimarkt Batsolakis, Epar.Od. Zirou Paleokastrou 103 (dieselbe Nr. wie oben, aber andere Lage), ☏ 28 43 02 09 41, ganzjährig 8:00-21:00

Hier endet die Tour. Zurück zum Start kommen Sie mit dem Taxi oder auf dem bekannten Weg zurück zu Fuß.